人間関係を変える
お笑いコミュニケーション術

嫌な人がいなくなる！

アンディ中村

はじめに

「もう嫌だ！　〝あの人〟とは顔を会わせたくない！」

「明日、〝あの人〟に話をすることを考えただけでイライラしてしまう！」


あなたの周囲に、そんな人はいませんか？　たとえば、こんな感じです。


「部長、何かお呼びですか？」

「なんだ、この書類は？」

「先日部長の指示で変更した書類ですが……」

「なにぃ？　そんなことはひと言も言ってないぞ！」

「（5W1Hで話せば解ってもらえるかな？）先週の水曜日に、部長から会議の資料が見づらいので、棒グラフから折れ線グラフに変更するようにと……」

「ダラダラ長く話すな。簡潔に言え！」

「（そんな言い方しなくてもいいじゃないか）私は、３日前にも部長に説明していますし、そのときに部長の了解も得ていましたが……」

「いや、絶対にそんなこと聞いとらんし、指示もしていないぞ！」

「（えー?! マジかよ！）そうおっしゃいましても……」

「何でそんな勝手なことをするんだ！」

「………（だからアンタの指示なんだって）」

「黙っていないで説明をしろ！」

「（イチイチ嫌な言い方をしやがる）ですから、部長の指示で書類を変更したのですが……」

「この書類では詳細がまったくわからない。却下だ！」

「はい、わかりました……（畜生、部長と話すとストレスたまるなぁ）」


こんな人に接していたら、ストレスがたまっていき、飲酒や喫煙の量が急増してしまう方も多いかもしれません。あるいは、ここまでひどくはなくても、「苦手だなあ」と感じる人なら大勢いるのではないでしょうか？

でも、それは特別なことではありません。あなただけがイヤな思いをしているのではないのです。

正直に言いますと、私の周りにも「苦手な人」はたくさんいます。

私が子供の頃に観たスーパーヒーロー達が活躍するテレビ番組では、主人公を「苦しめる悪役」が毎回登場しました。それと同じように、私たちの周りにも「苦手な人」というのは、次から次へと現われてきます。

「なーんだ、それじゃあ、この本を読んでもムダだ」と思い、今あなたは本を閉じてしまいそうになったかもしれません。

たしかに、この本を読んでも「苦手な人」が、あなたの周りからパッと消えていなくなったりはしません。しかし、あなたを苦しめ不安な気持ちにさせていた「苦手な人」が一人また一人と「苦手ではない人」に変わっていきます。そう、かつて私がテレビで観ていたスーパーヒーロー達が、一人また一人と悪役を倒していったように、です。

そうなれば、あなたのストレスは確実に軽減されていくはずです。

これから先、私の実体験にもとづいて「苦手な人」を「苦手ではない人」に変えるノウハウをお伝えしていきますが、そのすべてを実践する必要はありません。パラパラっとページをめくって、気に入ったノウハウを実践してみるだけで結構です。きっとその効果に驚かれることでしょう。

決してむずかしい内容ではありませんので、肩の力を抜いて、気楽に読み進めてくださいね。

嫌いな人がいなくなる！
人間関係を変える〝お笑い〟コミュニケーション術

もくじ

2章 苦手な人に「見せる」顔と体のしぐさ

3章 苦手な人の話を聴く 基礎編 劇的に会話が変わるテクニック1

4章 苦手な人の話を聴く　応用編
劇的に会話が変わるテクニック2

5章 苦手な人の心をつかむ！ 話し方
劇的に会話が変わるテクニック3

6章 苦手な人を動かす！ 話し方
劇的に会話が変わるテクニック4

7章 「苦手な人」の気持ちを知れば、百戦して殆うからず

カバーデザイン　田中正人（MORNING GARDEN INC.）
イラスト　なとみみわ
本文ＤＴＰ　シナプス

1章

苦手な人に「見せる」手のしぐさ

苦手な人にあなたはどう写っているのか？

――あなたの印象は「見せ方」で決まる

突然ですが、あなたに質問します。

「あなたは、自分が苦手とする人に、どんな印象を持っていますか？」

ちなみに、私はこんな印象を持っています。

・生理的にイヤな感じがする
・なんとなく気が合わない
・私の話をちゃんと聞いてくれない
・大して仕事もできないのに偉そうだ

おそらく、あなたもこれと同じような印象を持っているのではないでしょうか？　そして、あなたが苦手とする相手も、あなたに対して同じように悪い印象を持っているはずです。

続けて、もうひとつ質問します。

「苦手な人に自ら近づいて、上手につき合えますか？」

「えー、そんなことを言われても、自分から「あの人」に近づいて、上手につき合うなんて無理だよなぁ……」

こう思ったのではないでしょうか？

でも、ご安心ください。

あなたが相手に悪い印象や苦手意識を持ったままで、相手と上手につき合うことは可能です。それは、相手が持つあなたへの悪い印象を変えてしまうことです。あなたの印象がよくなると、たとえあなたにとって苦手な人であっても、相手のほうからあなたとの距離を縮めて、上手につき合おうとしてくれるからです。

相手と上手につき合う方法とは――『見せ方を変える』ことです。

「要するに、髪の毛や化粧の色を自分に合った色に変えたり、キレイな洋服を着たりするってことでしょう？」

と、思ったあなた。残念ながら、違います。

それは『見せ方を変える』のではなく、ただ単に外見（見た目）を変えただけです。私が言っているのは「見た目」ではなく「見せ方」です。

たしかに、外見（見た目）を変えると、それなりに効果はあるでしょう。

たとえば……

自分に合った色の服を着る

明るい色の化粧品を使う

髪を綺麗に染める

こうしたことでも、相手に与える「見た目の印象」はよくなるでしょう。

しかし、外見をどんなに着飾っても、「見せ方」が悪いと相手から見た「あなた自身の印象そのもの」は、悪いままなのです。

女優の沢尻エリカさんが、映画の完成試写会で世間からバッシングを受けたことは、記憶に新しいと思います。

沢尻エリカさんは、腕を組み、下を向いたまま不機嫌な表情で大勢のファンやマスコミの前に出てしまいました。そして、司会者からの質問に対して「別に……」とか「特にないです」などと素っ気なく答え、司会者を困らせてしまいました。

沢尻エリカさんといえば、若い人の多くが憧れる綺麗な顔立ちの女優です。スタイリストさんに選んでもらった服を着て、メイクさんにバッチリ化粧をしてもらい、外見は（見た目）は完璧です。

しかし、世間からは「態度が悪い」と評され、顰蹙《ひんしゅく》をかいました。こうして、世間に最悪の印象を与えてしまったわけです。

綺麗な顔立ちで素敵な洋服を着て、化粧や髪型で外見をどんなに飾っても、見せ方が悪いと印象は決してよくはならないのです。

では、外見（見た目）に頼らずに、どのようにして「見せ方を変える」のでしょうか？

そのポイントは、次の3つです。

① 手の使い方
② 表情
③ 体の向きや動かし方

この3つのポイントを押さえれば、着ている服や化粧や髪型が同じでも、あなたの印象をよくすることができます。

人の印象は、「外見（見た目）」ではなく、「見せ方」で決まります。見せ方を変えると、「苦手な人」のあなたに対する印象が変わります。それも、あなたが相手にどのような印象を持っているかに関係なく、あなたの印象が変わります。そうすれば、相手のほうからあなたとの距離を縮めて、上手につき合おうとしてくれるようになります。

このように言うと、「えぇーっ、見せ方を変えるだけで、そんなに上手くいくかなぁ」という声が聞こえてきそうですが、この点については順を追って説明しましょう。

日本一になった旭山動物園の秘密

日本で一番入場者数が多い動物園をご存じでしょうか？

上野動物園？　いいえ、違います。北海道旭川市にある日本最北端の動物園、旭山動物園です。

実は、旭山動物園にはパンダやコアラなど、客引きの「目玉」となる珍しい動物は一匹もいません。にもかかわらず、なぜ日本一になれたのでしょうか？

旭山動物園でもっとも有名な施設は「あざらし館」ですが、それを一度でも見れば、日本一になった理由がわかります。

「あざらし館」には、マリンウェイという直径1・5ｍの円筒型水槽があります。

ゴマフアザラシは垂直に泳ぐ習性を持っているのですが、このマリンウェイでは、ゴマフアザラシがゆったりと上下に移動する様子を見ることができるのです。

ゴマフアザラシがマリンウェイを上下に移動する度に歓声が上がります。

また、「ほっきょくぐま館」では、プールのガラス越しにホッキョクグマがお客さんをめがけてダイビングします。その姿にお客さんは圧倒され、歓声を上げます（ちなみに、ホッキョクグマはお客さんの頭を獲物であるアザラシと勘違いして、飛び込んできます）。

「あざらし館」や「ほっきょくぐま館」の他に、ペンギンが泳ぎ回る姿を水中トンネルから見られる「ぺんぎん館」、人間の頭上にオリがある「もうじゅう館」など、趣向を凝らした動物の展示が行なわれています。

旭山動物園がお客さんを呼ぶために何をしたか、もうおわかりですね。そうです。動物の「見せ方」を変えたのです（ちなみに、旭山動物園の展示方法は「行動展示」と呼ばれています）。

通常、動物園に行っても、寝てばかりいて少しも動いてくれない動物が多く、つまらないなぁと思う人は少なくありません。あなたにもそんな経験がありませんか？

しかし旭山動物園では、動物が持つ習性を生かして、今まで見たことがない動物本来の動きを見せることでファンを増やしました。これこそが旭山動物園が日本一になった秘訣なのです。

旭山動物園内の動物は、どの動物園にもいる動物ばかりです。にもかかわらず、お客さんの心をとらえたのは、動物の「見せ方」を変えたからです。

これは人間にも当てはまります。あなた自身が変わらなくても、「見せ方」を変えることで、相手があなたに持つ印象は自然に変わっていくのです。

ミニーマウスの声が聞こえた瞬間

私はかつて東京ディズニーランドでコック（調理補助）のアルバイトをしていました。そのときに、社内運動会に参加したことがあります。とあるグラウンドに集合し、それぞれ所属部署に分かれて運動会を行なうという社内イベントです。

ディズニーランドの社内運動会ですから、当然ディズニーキャラクター達も参加します。その中に、ミニーマウスがいて、綱引きが始まる時に、私たちの食堂部チームの応援席前にやってきました。

私たちの前にやってきたミニーマウスは、なにやら身振り手振りを始め、何かを説明しようとしているようでした。しかし、ミニーマウスはしゃべることができません。

「何だろう？」

動きに注目していると、ミニーマウスが手を口元にあてて、何か叫ぶポーズをしました。

「なんだ？　何か叫べってこと？」と思っていると、今度は私たちに向かって両手をいっぱいに広げて、大きな円を描きます。そして、グランド中央にいる綱引きに出場する選手を指しました。

「あぁ、みんなで一緒に綱引きの選手を応援しよう」ということだな、とピンときました。

ミニーマウスはさらに続けて叫ぶポーズをしながら体を揺らします。

そのリズムは、『タンタッターーーン、タンタッターーーン』というものでした。

「うーん、なんだろう？？？」私は周りの人と顔を見合わせました。

ミニーマウスが、『タンタッターーーン、タンタッターーーン』のリズムを2、3回繰り返したその時、『タンタッターーーン、タンタッターーーン』が「がんばってーーーー!、がんばってーーーー!」に聞こえたのです。

周囲の人たちにも伝わったのでしょう。みんなミニーマウスの身振り手振りに頷きました。すると、耳に手を当てたミニーマウスが、私たちに向けて指でＯＫのポーズを返しました。

そうです。ミニーマウスが私たちに伝えたかったのは、「みんなで綱引きの選手に、がんばってーーーー!コールをするわよ」ということだったのです。

「オッケー!」と叫ぶ私たちを見て、ミニーマウスは口元に両手をあてて「ウフフ」のポーズをしています。

こうしてミニーマウスは、身振り手振りだけで私たちに言いたいことを伝えたのです。

声を出せず、表情も変えられないミニーマウスが、なぜ身振り手振りだけで私たちに言いたいことを伝えられたのでしょうか？

その理由は、ミニーマウスのわかりやすい身振り手振りにあります。

ミニーマウスの身振り手振りは、次のようなものでした。

①口元にあてて、何か叫ぶポーズ
↓「選手にコールをするわよ！」と言っているように見える

②両手を大きく広げて、私たちに向かって大きな円を書く
↓「みんなで一緒に」と言っているように見える

③グランド中央にいる綱引きに出場する選手を指す
↓「綱引きの選手に」と言っているように見える

④叫ぶポーズをしながら「がんばってー」のリズムで体を揺らす
↓「がんばってー！とコールするわよ」と言っているように見える

⑤耳に手を当てたミニーマウスが、指でOKのマークをつくる
↓「みんなOKかしら？」と言っているように見える

⑥ 口元に両手をあてて「ウフフ」のポーズをする
→ 嬉しそうに見える

こうして、ミニーマウスは言葉を発せずして、私たちにメッセージを伝えることに成功しました。

このように、身振り手振り等、正しい体の動きを使うと、言葉を発さなくても、言いたいことを相手に伝えることができるのです。そして、相手を「嬉しい」「楽しい」気分にさせることもできるのです。

さて、これまで旭山動物園、ミニーマウスと「見せ方」の具体例を2つ見てきました。

つまり、相手によい印象をもってもらい、あなたの言いたいことを理解してもらうには、体の動きを使って「見せ方」を変えればよいのです。

しかし、そうは言っても、「ミニーマウスのように、上手く身振り手振りで表現できるわけないよ」と思うかもしれません。でも、ご安心ください。私が普段使っているテクニックは、簡単で効果バツグンのものばかりです。

さっそく、次からそのテクニックを紹介することにしましょう。

意外と知らない！　手の使い方「基礎の基礎」

では、見せ方を変えて印象をアップさせるための具体的な方法を説明していきましょう。

まずは、簡単にすぐに実践できて、しかも効果抜群な、「手の見せ方」です。

あなたは、実は手にも表情があるのをご存じですか？

●手の表情って何？

あなたは「手の表情」と聞いて何を想像しますか？

もしかすると、手の平や手の甲に油性マジックで顔が描かれている様子を想像したかもしれませんが、残念ながらそのようなことではありません。

今のままのあなたの手に、すでに表情があるのです。

次ページの写真は、下に書かれているいずれかの言葉を表わしています。どの写真がどの言葉を表わしているかわかりますか？　(イ)～(ヘ)の言葉に該当する写真を選んでください。

手だけで意味を伝えるのは難しいと思われるかもしれませんが、世の中には手の動きが

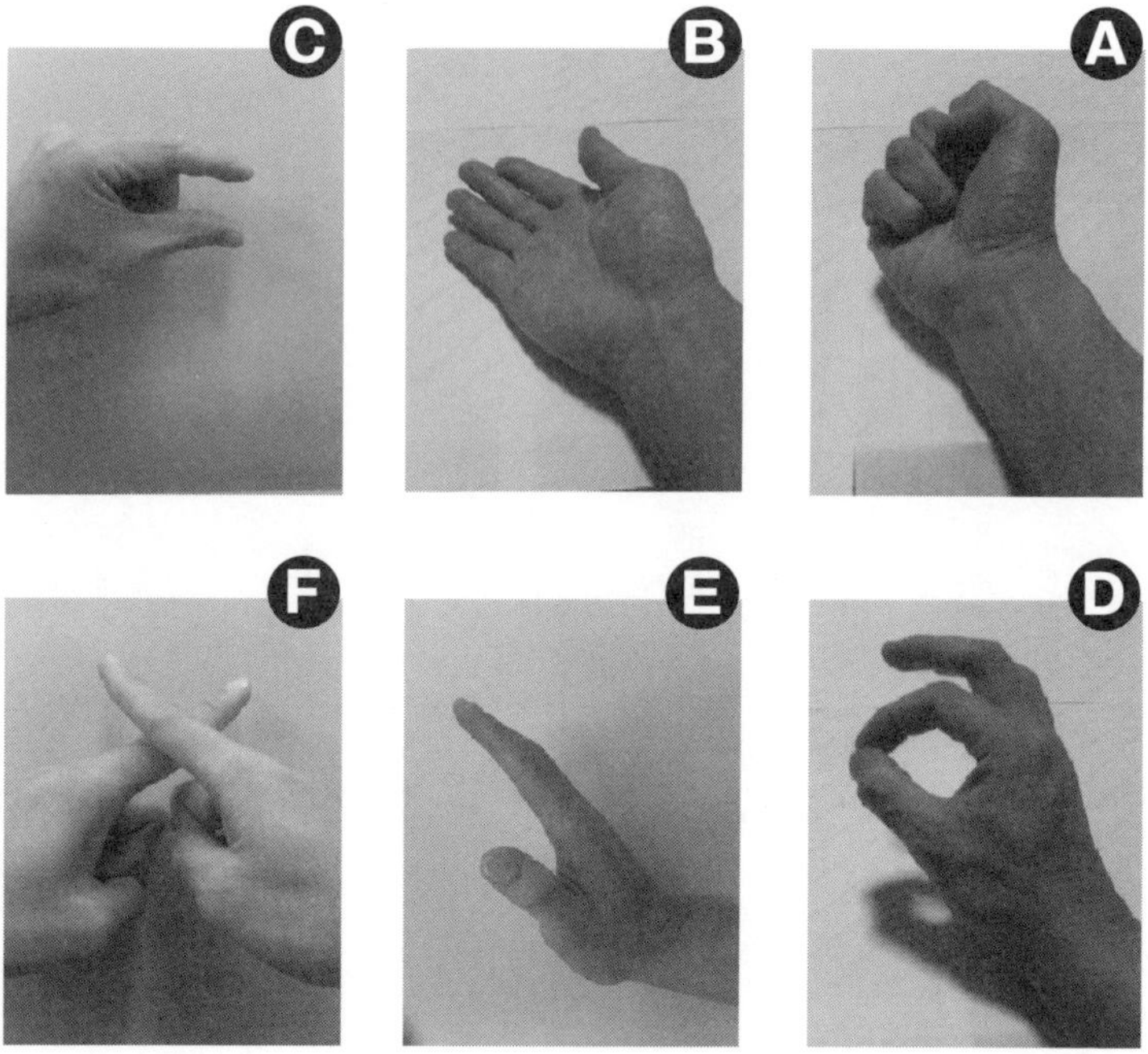

（イ）ちょっと待った！…………………………………　（　　）
（ロ）OKです　………………………………………　（　　）
（ハ）こちらへどうぞ…………………………………　（　　）
（ニ）ダメ！……………………………………………　（　　）
（ホ）がんばるぞ！……………………………………　（　　）
（ヘ）ちょっとだけだよ………………………………　（　　）

言葉を表現することがあります。

たとえば、手話は手の動きを言語として形式化したものです。また、ハワイのフラ（ダンス）は元々、文字を持たなかった民族が、手の動きで言葉を表わしたものです。

余談になりますが、プロレスラーのスタン・ハンセン選手は、テキサス出身であることを示すロングホーンを手で表現してリングに登場していました。

このように、手の形を変えるだけで、言葉を声にして伝えるのと同じように、相手に言葉を伝えることができます。

笑顔等の明るい表情が相手によい印象を与えるように、「ＯＫ」や「がんばるぞ」等の明るく肯定的な内容を表わす手の動きは相手によい印象を与えます。

逆に「ダメ！」や「なんだかなぁ」等の暗く否定的な内容を表わす手の動きは、相手に悪い印象を与えかねません。

右ページの答え
(イ)－E　(ロ)－D　(ハ)－B
(ニ)－F　(ホ)－A　(ヘ)－C

手の表情は他にもこんなにたくさんある

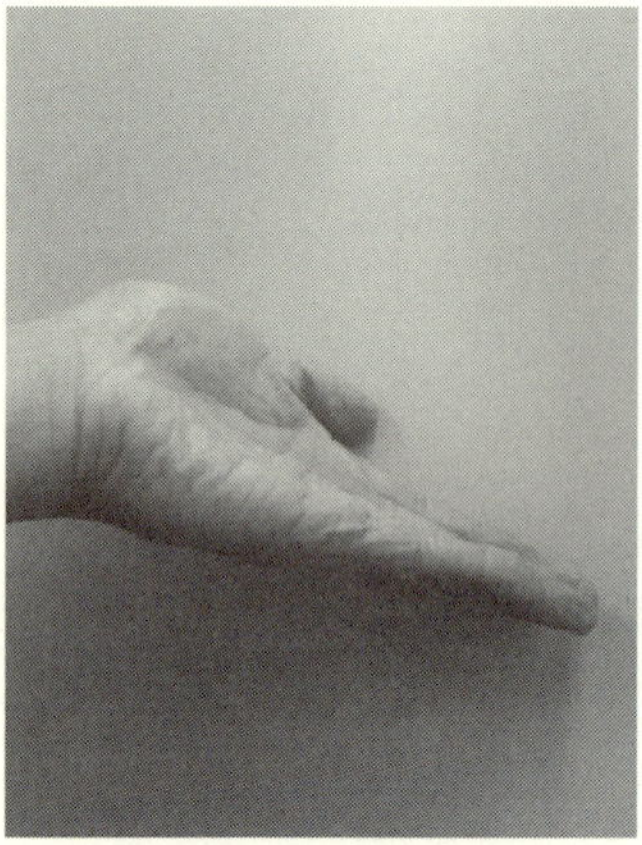

なんかちょーだい

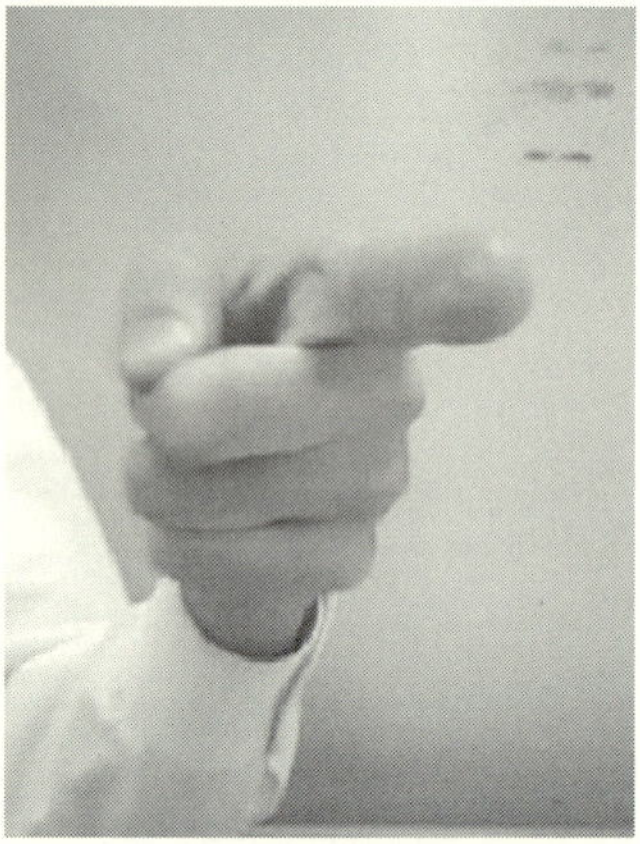

なんだそれは！

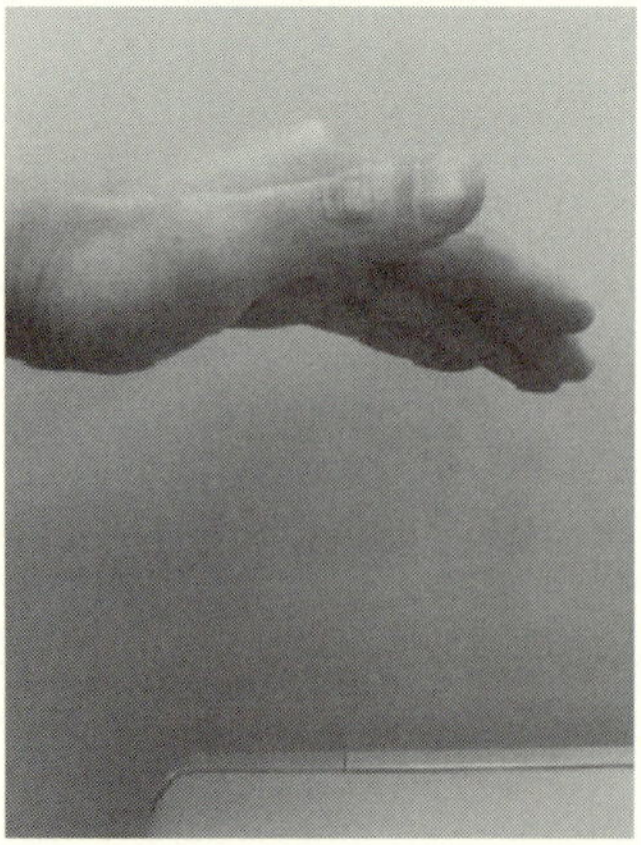

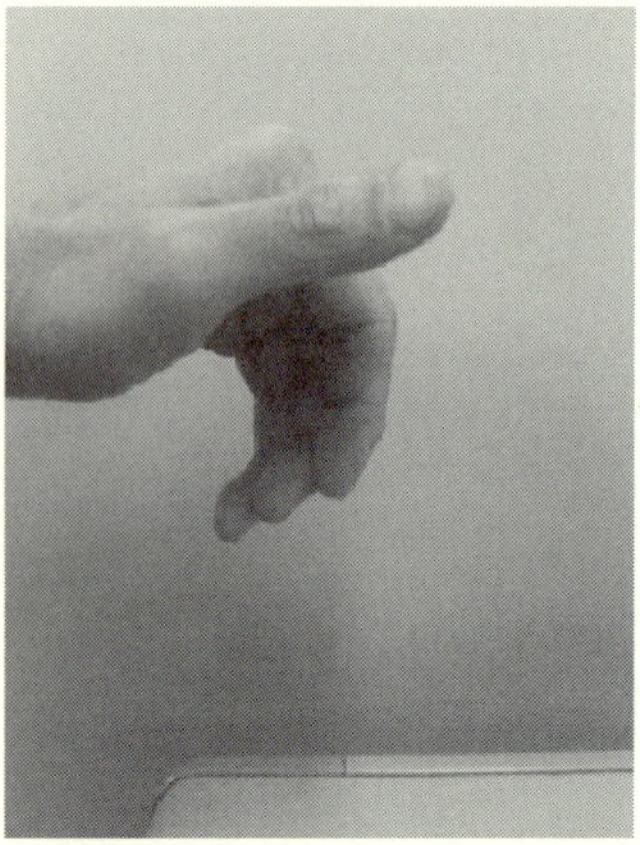

こっちおいで

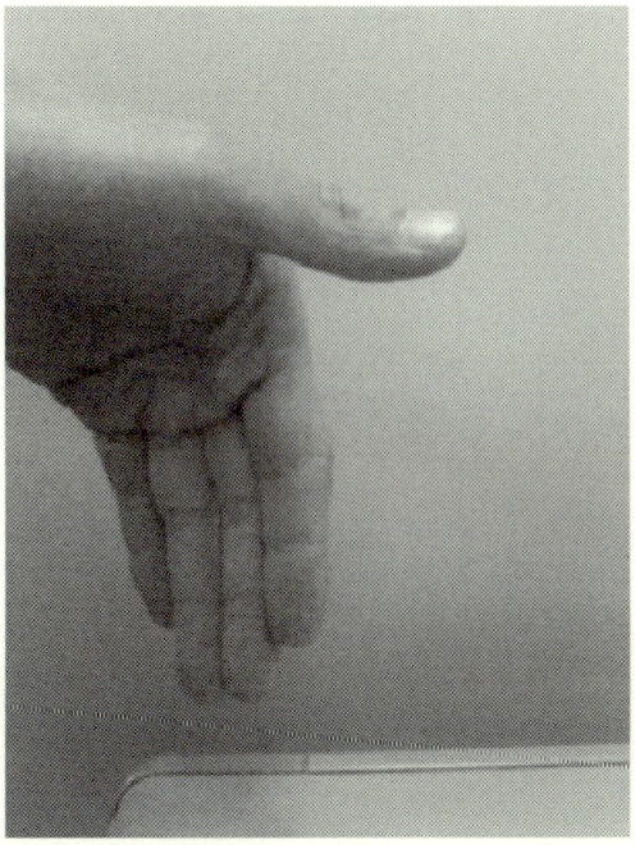

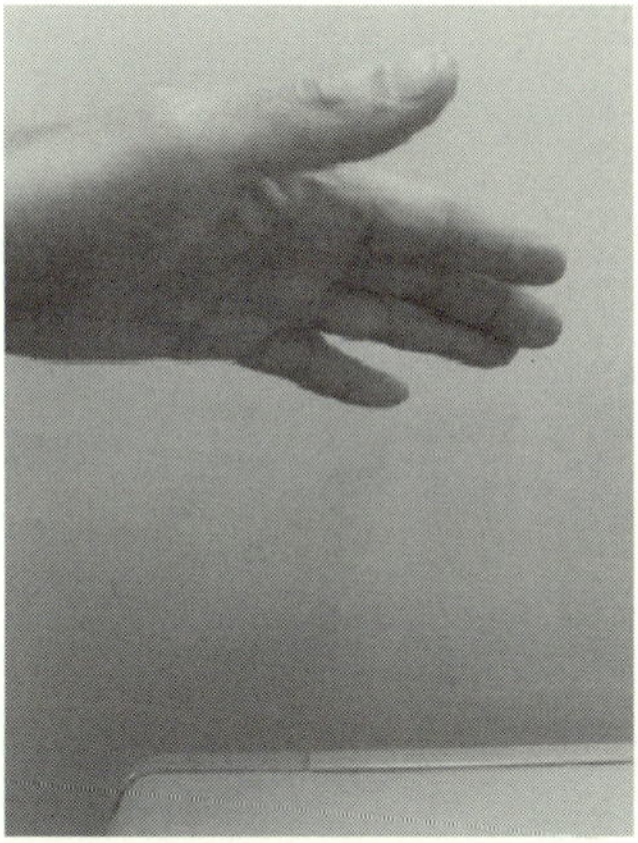

あっち行って

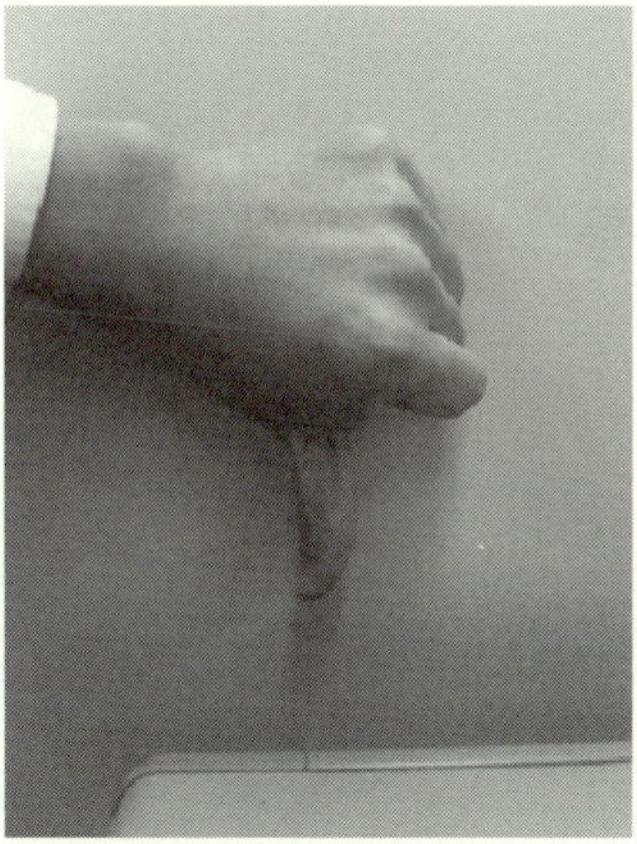

ブー

手にも表情があることがおわかりいただけたでしょうか？

顔の表情はもちろん、手の表情を上手に使うと、あなたの考えを正しく伝えることができるようになります。そうすれば、苦手な相手が持つあなたの悪い印象は徐々に払拭されるのです。

では「どんな手を使えば」いいのか——それを次にお伝えします。

永ちゃんと宝塚に学ぶ「指先の極意」

手の表情で表現することを難しく感じた方がいらっしゃるかもしれません。

しかし、ご安心ください。実はとても簡単な方法で、手の表情が豊かになります。

実は手の表情には、大きく分けて2つのパターンがあります。

それは「硬い」手の表情と「やわらかい」手の表情の2つです。

「硬い」手の表情は、相手に自分の考えや意志を伝える場合に使い、どちらかというと男性的なイメージを持つ表情です。

この硬く男性的な手の表情を持っているのが、矢沢永吉さんです。

矢沢永吉さんは「永ちゃん」と呼ばれるカリスマ的ミュージシャンですが、永ちゃんの考えや意志は、手の表情を通してストレートに伝わってきます。

一方「やわらかい」手の表情は、相手の話を聞いたり、受け止めたりする場合に使い、どちらかというと女性的なイメージを持つ表情です。

それをもっとも上手に使っているのが、宝塚歌劇団の皆さんです。

宝塚歌劇団と言えば、「タカラジェンヌ」と呼ばれる女優さん達が男性役や女性役を舞台で演じているのが有名です。タカラジェンヌたちは、「喜び」や「悲しみ」「やさしさ」等の内なる思いを手の表情で表わしています。

なぜ永ちゃんやタカラジェンヌたちの手には、表情が現われるのでしょうか？

それは、指先や爪の先端まで意識を行き届かせているからです。

だから、ほんの少しの手の動きでも、永ちゃんやタカラジェンヌたちの手には表情が現われるのです。

こう言うと、「でもさぁ、永ちゃんやタカラジェンヌには元々才能があるから手で表現できるんじゃないのかなぁ」という声が聞こえてきそうですね。

ではここで、あなたにも今すぐできる「永ちゃんの指先」と「タカラジェンヌトップスターの指先」を伝授いたしましょう。

硬い手の表情「矢沢永吉の指先」3つのステップ

ステップ1

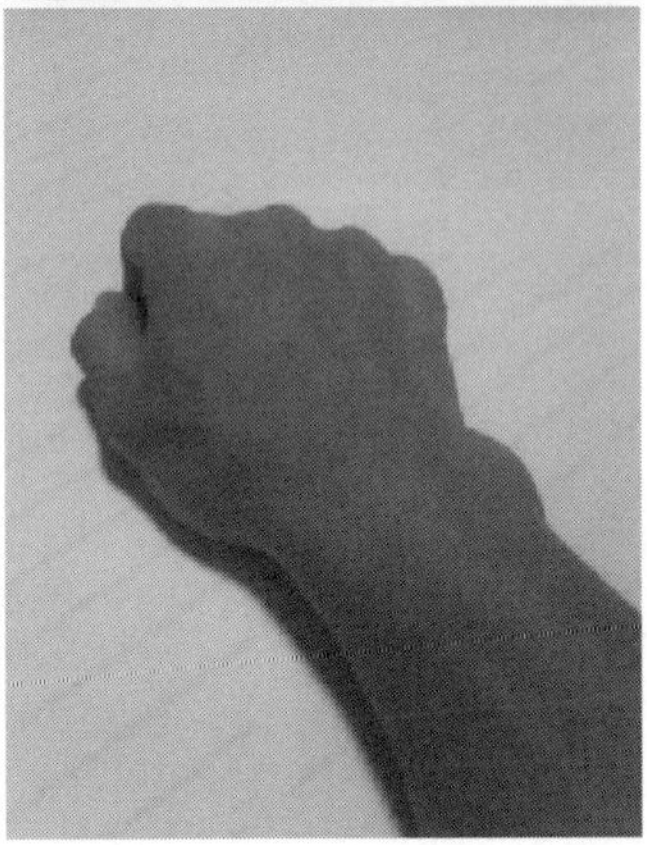

手を軽く握ります。

ステップ2

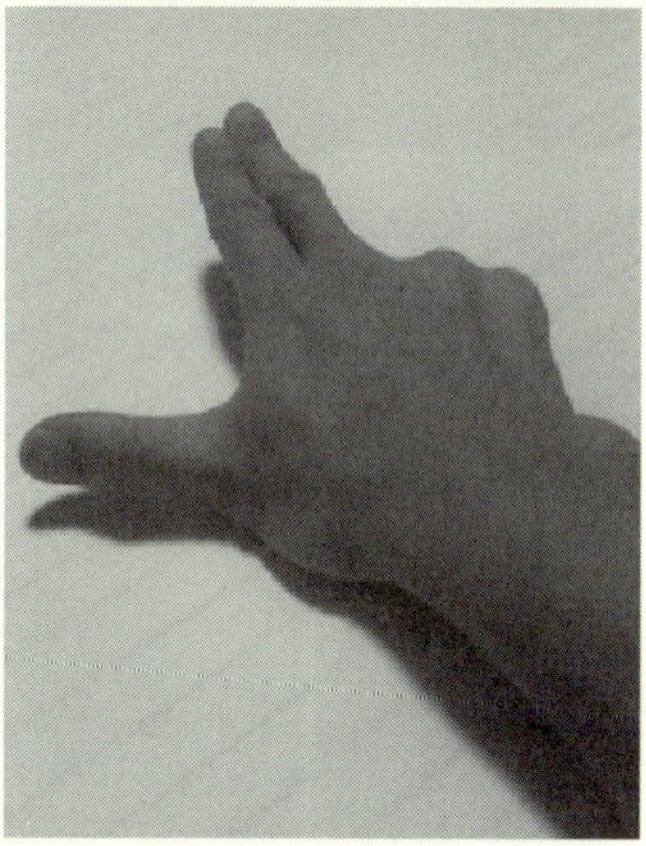

中指・人差し指と親指で「L」の形をつくります。中指と人差し指は、離さないようにします。Lの形になった3本の指はピンと伸ばしましょう。

ステップ3

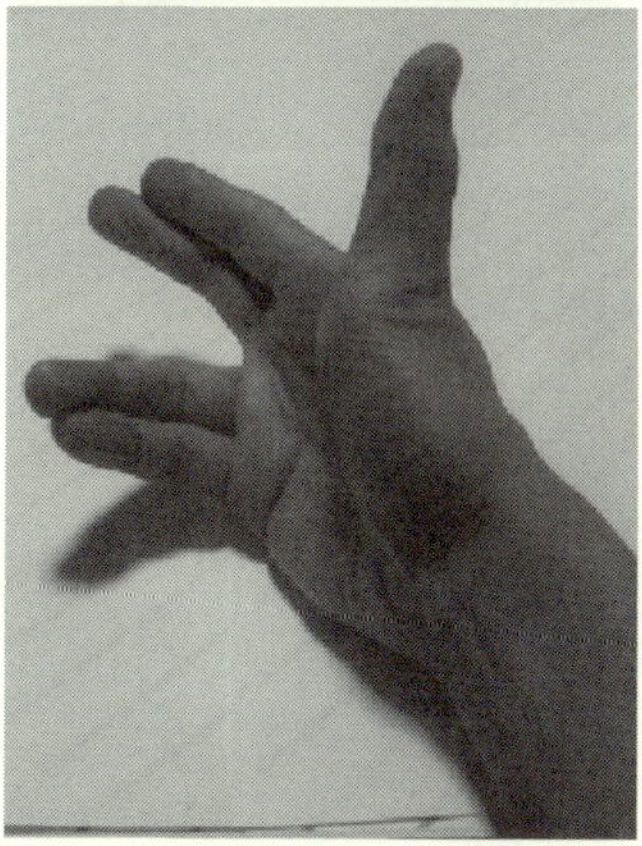

薬指・小指をゆっくり開きます。この2本の指は、第二関節で直角に折り曲げてください。

自分の考えをハッキリ伝えたい時には、この「永ちゃんの指先」を使いましょう。

●私は「矢沢永吉の指先」をこう使っていた

私が大阪のベンチャー企業に勤務していた時の話です。

そのベンチャー企業の社長は、ワンマンで有名でした。「何でも自分で決めなければ気がすまないのか!!」と思うほどのワンマンぶりです。

私は、正直、この社長が苦手でした。

しかし、私がこの社長に、ハッキリと自分の意見を伝えなければならない時があったのです。

それは、私が責任者を務めるイベントの会場を決める時のことです。

この時、イベント会場の候補は、2つありました。

「狭いけれど、交通の便がとてもよい都内の会場」と、「広いけれど交通の便がとても悪い横浜の会場」の2会場です。

狭い会場は、商品展示スペースが確保できないので、売上に限界がありそうです。

広い会場は、商品展示スペースは十分ですが、お客さんが集まらない可能性がありました。

私は、「社長ならば、広くて商品が多く置けるほうを、絶対に選ぶだろうな」と感じていました。

しかし、広い横浜の会場は、お客さんが来場しにくく、イベントが失敗する可能性が非常に高かったのです。

そこで私は、「矢沢永吉の指先」を見せながら
「私は、都内の会場でやるべきだと思います。顧客の目線で考えたら、絶対にこちらです」と社長に言い切りました。

社長は、私が「矢沢永吉の指先」で示した企画書をじっと見つめていました。

そして、「よし、決めた！　こっち(狭い都内の会場)で決まりや!!」と決断してくれました。

「矢沢永吉の指先」で伝えた私の意思が、社長に届いた瞬間でした。

ワンマン社長が決断してくれた、この狭い都内の会場は、後に、お客さんが溢れんばかりにやって来ることになります。

自分の考えをハッキリと伝えたい場合は、「矢沢永吉の指先」を使ってください。

たとえば商談中に「今回は○○円の値引きをお願いしたい」「御社には○○のメリットがあります」など、自分の考えを伝える言葉を発しながら、この手の表情を使って、心の中で「ヨ・ロ・シ・ク！」と叫ぶとビシッと決まります。

さらに先の項目で紹介した手の表情を所々に入れると、効果はさらにアップしますよ。

やわらかい手の表情「宝塚歌劇団の指先」3つのステップ

続いて、やわらかい手の表情です。

ステップ1

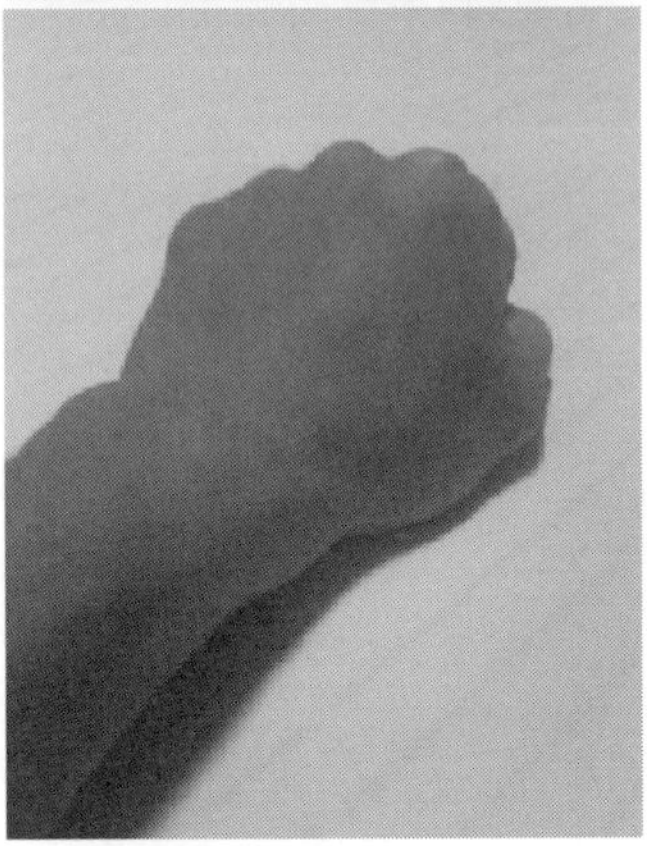

手を軽く握ります。

ステップ2

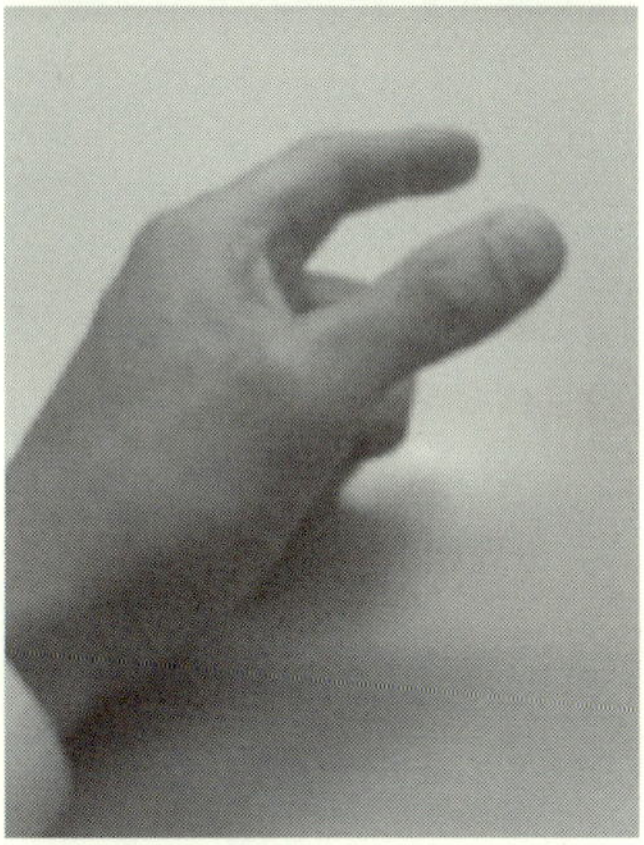

人差し指と親指で「L」の形をつくります。
Lの形になった2本の指は軽く伸ばしましょう。

ステップ3

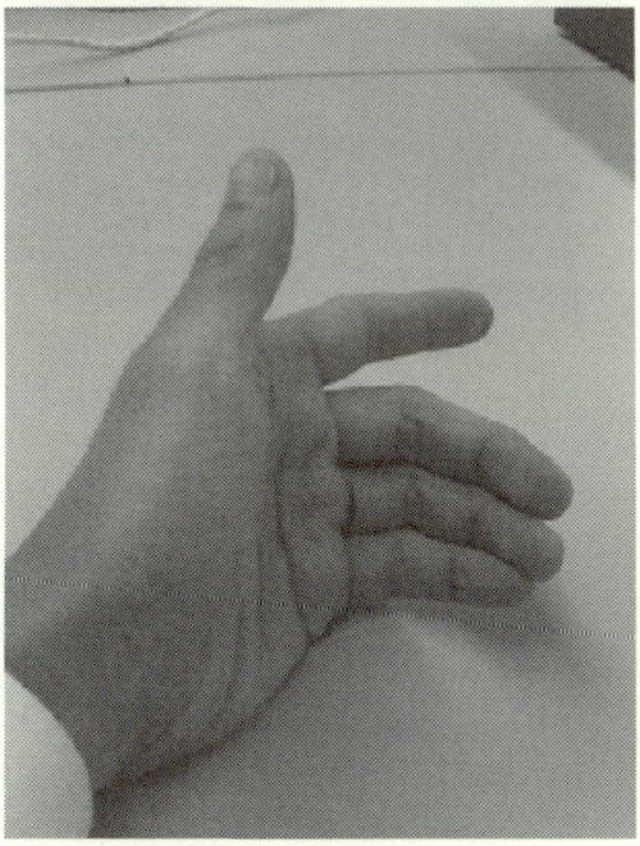

中指・薬指・小指をゆっくり開きます。
この三本の指は、ピンと伸ばさないようにしてください。
女性の場合は、小指を少し立てます。

相手の話を聞く時は、この「宝塚トップスターの指先」を使いましょう。

●私は「宝塚トップスターの指先」をこう使っていた

私の会社に、ちょっと怖い先輩がいます。その先輩は、いわゆるバリバリの体育会系の方で、後輩にも、ビシビシと厳しい指導をすることで有名です。

みんなの目の前で、机をバンバン叩きながら後輩を指導する姿を目にすることも、決して珍しくはありません。

感情にまかせて指導をしているように見えて、私はその先輩がとても苦手でした。

ある日、この感情まかせ指導の先輩が、私の所に怖い顔をしてやってきました。

「あのさー、メールもらった件だけど、こんな資料、すぐに出せって言われても出せないよ!!」と、怒りの表情と声で、机を叩きながら、私に怒鳴っています。

実は、私の上司からの指示で、急な資料提出の依頼をしていたのです。もちろん私も、すぐに出せないことは、十分に承知しています。

しかし、これは、上司からの命令なのです。

本当は、「永ちゃんの指先」で、ハッキリと「これは、上司からの命令です」と言いたいところですが、これでは喧嘩になりますよね。

そこで宝塚トップスターの指先を見せながら、静かな声で「まぁ。おかけください」と、近くにある椅子に腰掛けてもらいます（これで机を叩かれなくなりました）。

続けて、「なるほど、先輩は、急な提出依頼に、ご立腹なのですね」と共感してあげます。

さらに「いつでしたら、ご提出可能ですか？」と先輩の都合を聞いてみました。

すると先輩は、「いや、そんなに提出は遅れないよ。でも、あまりにも急な依頼じゃないのかなぁ」とのこと。

ここでも宝塚トップスターの指先を見せながら、「そうですね、今後、このようなことがないように気をつけますね、安心していただいて結構ですよ」と伝えました。

先輩は、先ほどの怖い表情が嘘のように、落ち着いた表情で、自席に戻っていきました。

宝塚トップスターの指先を使いながら「なるほど、あなたは○○と思ったのですね」「安心していただいて結構ですよ」など安心感を与える言葉を発します。

特に、相手が怒っている時、不安に思っている時、あなたに共感して欲しいと思っている時に使うと効果的です。

さらに先の項目で紹介した手の表情を所々に入れると、効果はさらにアップします。

いかがでしょうか？

指先にほんの少し動きを加えただけで、あなたの手に表情が現われてきたと思いませんか？

あなたの印象が突然変わる「ハンドマトリックス」

これまで手の表情について説明してきました。

手の見せ方を変えることで、苦手な人があなたに対して持っている印象をよくすることができますが、さらにあなたの印象をアップさせるために、腕の見せ方も変えてみましょう。

●ハンドマトリックスって何だ？

仕事でプレゼンテーションをしたり、誰かに何かを説明する場合、あなたの腕の動かし方が重要になってきます。

図A ハンドマトリックス　基本形

図B 縦方向　基本形

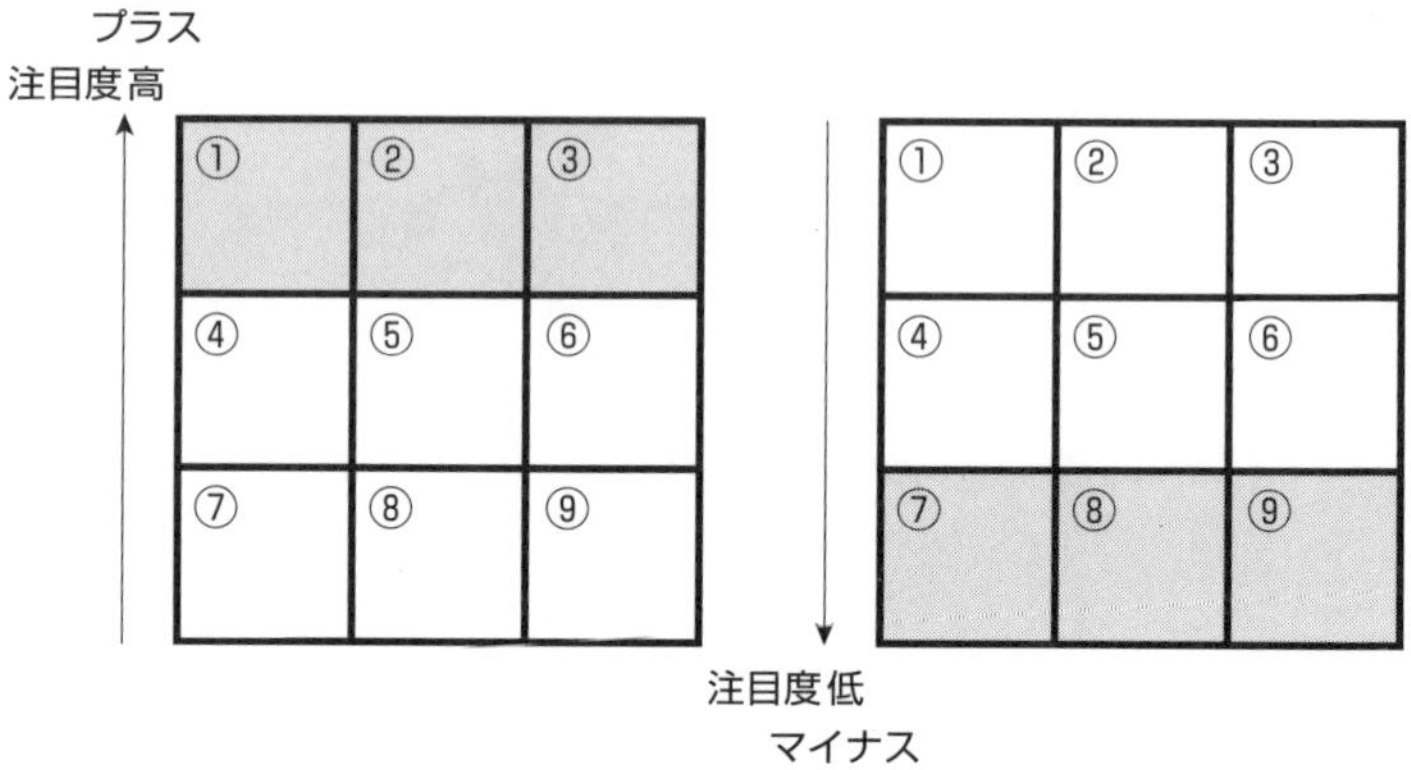

実は、腕の動かし方には重要な意味があるのです。

前ページの図Aは、腕の動かし方を表わす「ハンドマトリックス」です。

「ハンドマトリックス」とは、あなたの身体を中心に、腕の位置を9つのマス目に分けて示したものです。この9つの位置にはすべて重要な意味があります。

縦方向は注目度を表わします。腕の位置が高くなればなるほど、相手の目を引きやすくなります。また、高い腕の位置はプラスなこと、低い腕の位置はマイナスなことを表わします（図B）。

たとえば、友人と待ち合わせをした時に、待ち合わせ相手の友人が近くに来たら、手

図C　縦方向の例

「御社への特別価格は」

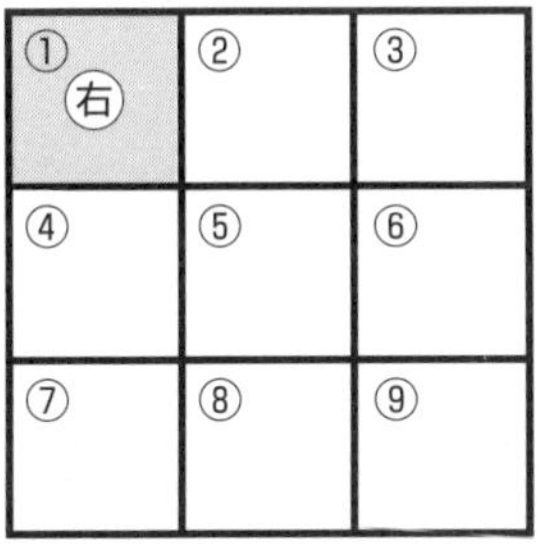

「こちらです」

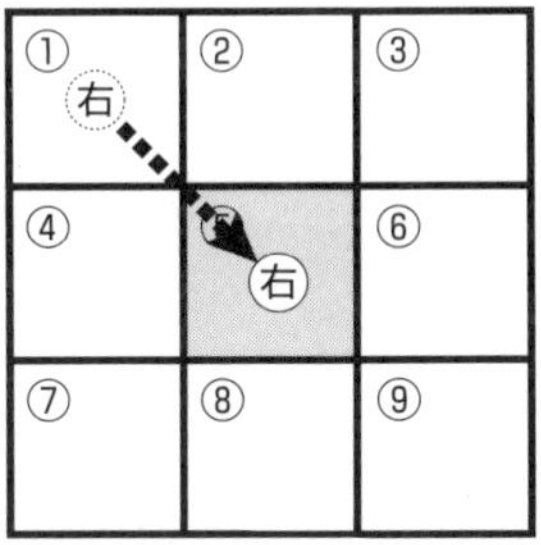

図D　横方向　基本形

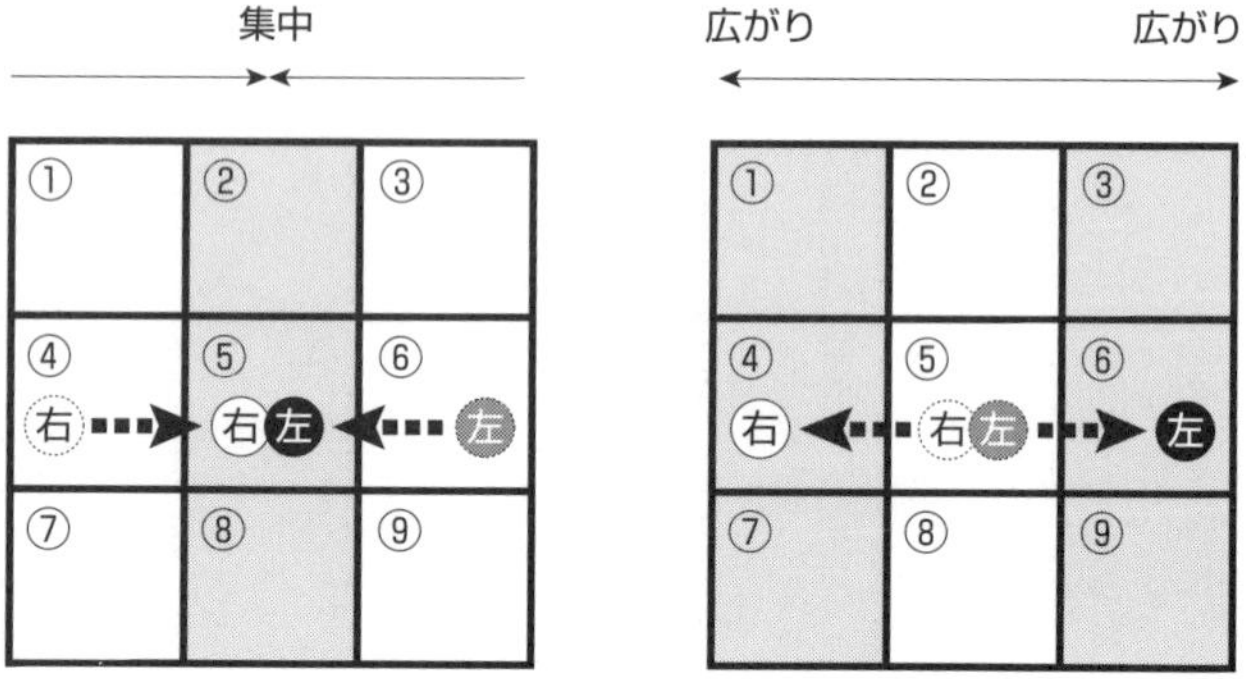

を振って相手に合図をしますよね。このように、注目してほしい時は、ハンドマトリックスの①～③の場所に手を持ってきます。

小学生の頃を思い出してみてください。クラスの友人に手紙を渡すときは、先生に見つからないように、下のほうからそっと手紙を渡しませんでしたか？　このように、他人に知られたくない秘密の情報を公開する時は、ハンドマトリックスの⑦～⑨の位置に手を持っていきましょう。

横方向は、２つの意味を持っています。

まずひとつ目は「広がり」を表わします(図D)。左右の腕がハンドマトリックスの②⑤⑧の位置にある場合、狭さや集中具合を示します。右腕がハンドマトリックスの

図E 横方向の例　その1

「色々な要素を」　「ギューっと凝縮した」

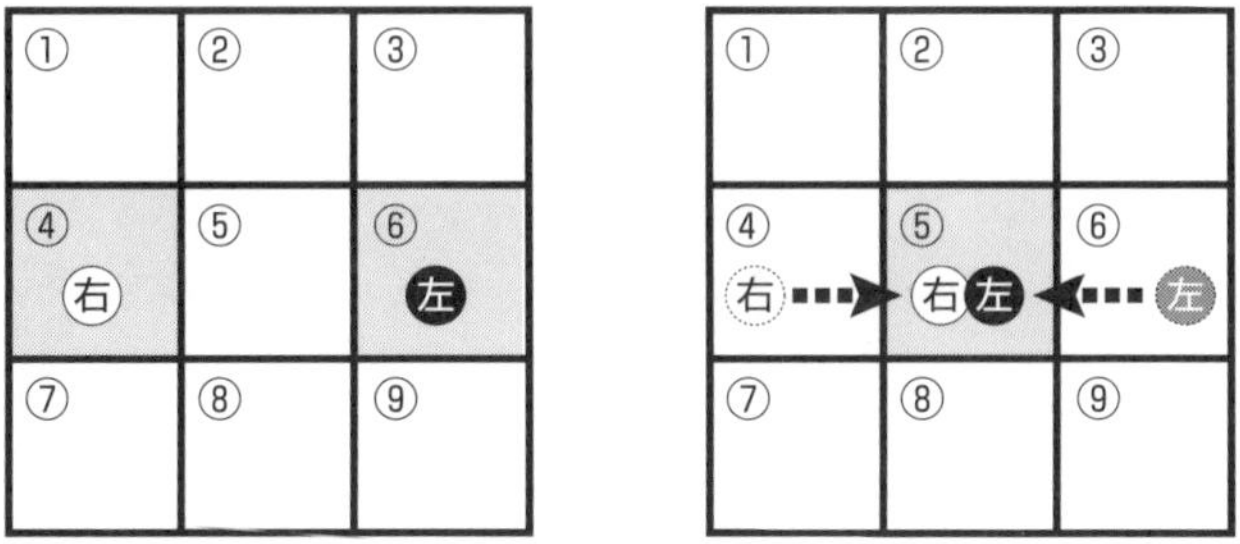

図F 横方向の例 その2

「御社の業務が」　「拡大することによって」

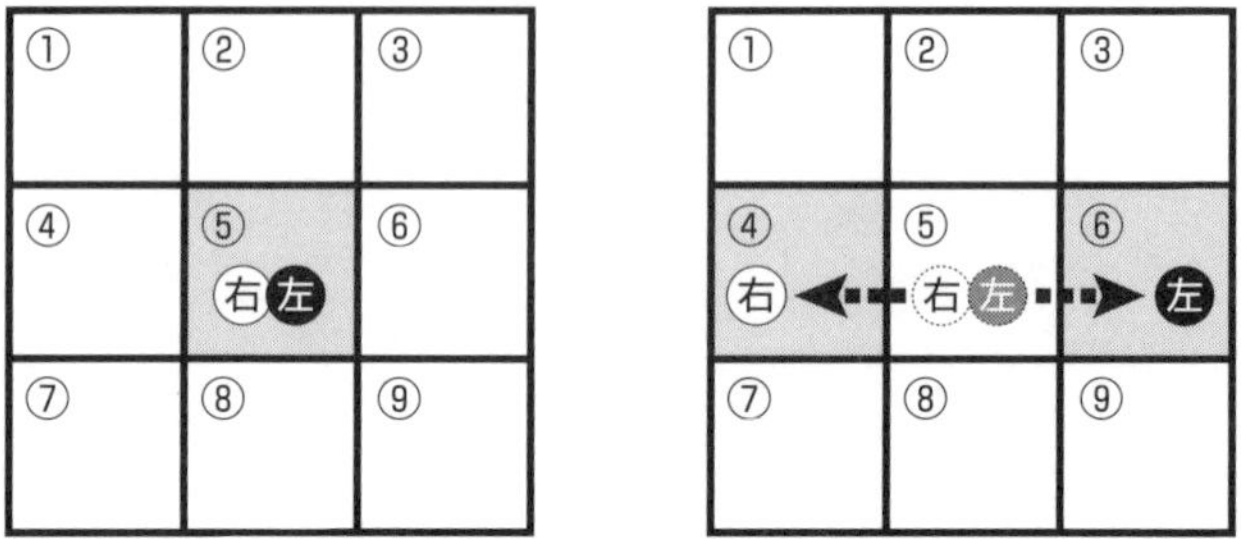

1章 苦手な人に「見せる」手のしぐさ

図G　横方向　基本形2

	過去			現在			未来		

（過去）①②③／④右左⑤⑥／⑦⑧⑨
（現在）①②③／④右→⑤右左⑥／⑦⑧⑨
（未来）①②③／④⑤⑥右→⑥右左／⑦⑧⑨

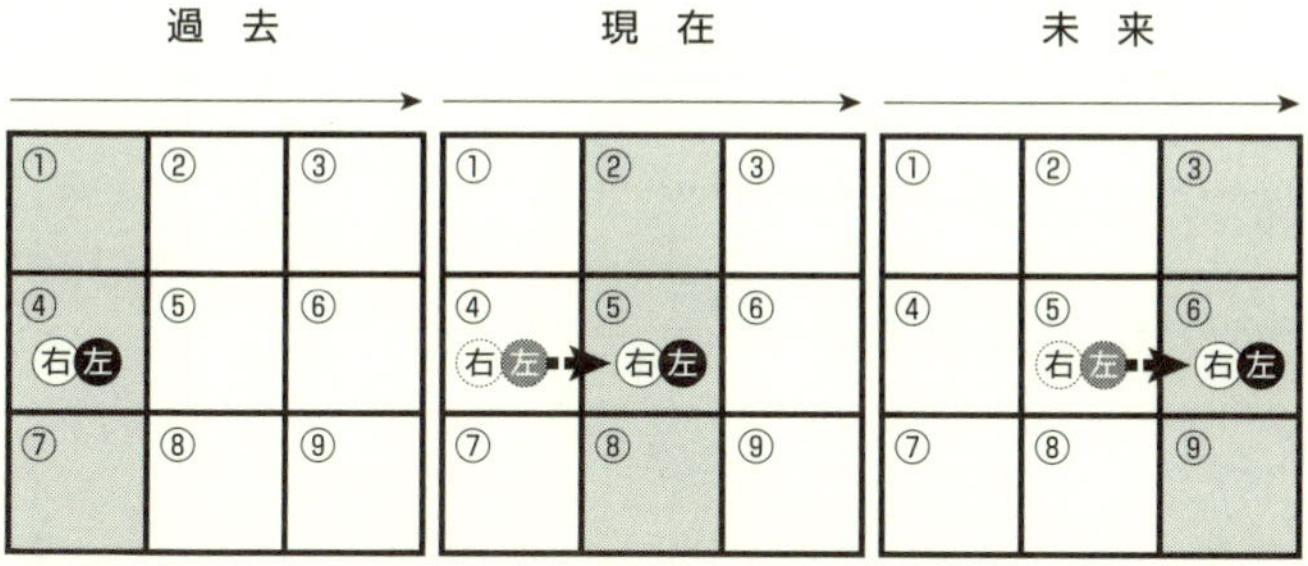

①④⑦、左腕がハンドマトリックスの③⑥⑨の位置にあれば、広がりを表わします。

横方向の2つ目は「時間」を表わします（図G　横方向の基本形2）。

過去をハンドマトリックスの①④⑦、現在をハンドマトリックスの②⑤⑧、未来をハンドマトリックスの③⑥⑨で表わします。

ポイントは、相手から見て右側（あなたの左側）が未来になるようにすることです。

縦方向（プラス・マイナス）と合わせると、右肩上がりの業績などを表わすことができます。

ハンドマトリックスを用いて、腕を縦方

図H 横方向（時間）の例

「過去の実績はこれだけですが」

「○○システムを導入した結果、現在はプラスになりました」

「将来は、さらにこれだけプラスになると予想されます」

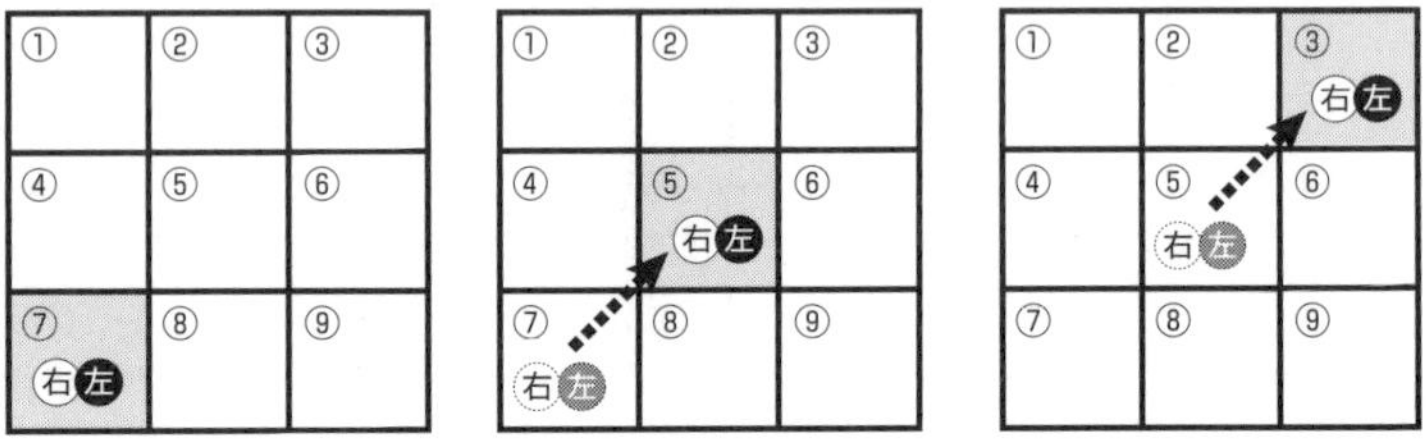

向と横方向に動かすことによって、あなたの伝えたいことが相手に確実に伝えられるようになります。

「苦手な人」に話すときには腕を使え！

「この腕の使い方は、苦手な人への対策というよりも、交渉術みたいだなぁ」と思う方がいらっしゃるかもしれません。たしかに、ハンドマトリックスを用いた腕の使い方は、プレゼンテーションを行なう際などに、非常に有効です。

しかし、それだけではなく、ハンドマトリックスを用いた腕の使い方は、苦手な人への対策でもあるのです。

たとえば、あなたが苦手な人を目の前にして、プレゼンテーションすることを想像してみてください。きっと「苦手な人の前でプレゼンテーションをするのは遠慮したいなぁ」という気持ちを持つのではないでしょうか？

しかし、ご安心ください。これを解消するのが、ハンドマトリックスなのです。

プレゼンテーションで、文字と数値の資料を、ただ単に読み上げた場合と、文字と数値の資料に加えて、視覚的に伝える場合では、あなたはどちらがわかりやすい説明だと思いますか？

ハンドマトリックスを用いると、腕を縦方向と横方向に動かすだけで、「プラス」や「マイナス」、「広い」「狭い」などを、視覚的に相手に伝えることができます。

むずかしい話をわかりやすく伝えられた相手は、きっとあなたに好印象を持つことでしょう。

ハンドマトリックスの動きに、矢沢永吉や宝塚トップスターの指先を織り交ぜると、効果は倍増しますよ。

2章

苦手な人に「見せる」顔と体のしぐさ

一万円スマイル法
——見せかけ笑顔のつくり方

手の使い方の次に、表情を変えて印象をアップさせるための具体的な方法を説明していきましょう。

表情を変えることは、手の見せ方を変えることと比較をすると、少々むずかしいかもしれません。しかし、表情を変える技法を実践すると、あなたの印象は劇的によくなりますので、ぜひチャレンジしてみてくださいね。

●表情を一瞬にして変える「一万円スマイル法」

人が他人を最初に見るのはどこでしょうか？　そうです「顔」です。

そこで、まずあなたの表情を変えていきましょう。

表情を変えるって、「どうせまた〝顔の○○筋を鍛えましょう〟なんて、鏡を見ながら練習するんでしょ?!」と思ったかもしれません。

しかし、残念ながら私は筋肉の専門家ではないので、そんなむずかしいことはやりません。

これから紹介するのは、皆さんが普段使用しているお札を使った方法で、名づけて「一万円スマイル法」です。

あなたは、一万円札の真似をするだけでいいのです。一万円札に描かれている福沢諭吉先生の顔真似をしてもらいたいのです。

早速実践してみましょう。

まず、一万円札を用意してください（一万円札がない人は、五千円札でも千円札でもかまいません）。

写真の要領で一万円札を折ります。
①左目を中心にして谷折りにします
②鼻を中心にして山折りにします
③右目を中心にして谷折りにします
④顔の輪郭付近を山折りにします
折れましたか？　では、折り終わったお札を前後

に傾けてみましょう。

どうですか？　前に傾けると福沢諭吉先生が笑って、後ろに傾けると悲しい顔に変わりませんか？

そして、この福沢諭吉先生が笑っている時の顔を真似していただきたいのです。

ポイントは、あまり前に傾け過ぎないこと。前に傾け過ぎると、「笑う」を通り越して、変な顔になってしまいます。

ほんの少しだけでいいので、ゆっくりゆっくり前に傾けて福沢諭吉先生の顔を悲しい顔から笑った状態に変化させみてください。

その際に、一万円札をゆっくりゆっくり前に傾けるスピードと同じスピードで、あなたの顔を福沢諭吉先生の顔のように変化させましょう。福沢諭吉先生の顔を真似することによって、あなたの顔も自然に笑顔になっているはずです。

「一万円スマイル法」の秘密

「一万円スマイル法」の秘密。それは、あなたの顔をほんの少し変化させるだけで、あなたが「笑っているように見える」ことです。

実際に笑っているのではなく、あくまでも「笑っているように見える」のです。

このことが非常に大切なのです。

人間には、笑顔を見ると笑顔で返すという習性があります。微笑みかけられて「なにくそ」とにらみ返す人はいませんよね。

この方法で、苦手な人に「笑っているような」顔を見せましょう。見せかけの笑顔ですが、相手はあなたが微笑みかけてくれたと勘違いして、自然と笑顔を返してくるようになるでしょう。

さらに一歩進んだ方法をお教えしましょう。

それは、一万円札ではなく、あなた自身が写っている免許証の写真や証明写真（特に写りが悪く、人相のよくない写真がお勧め）を使う方法です。

その写真を使って、一万円札を折った時と同じように、免許証の写真や証明写真を折ってみてください。

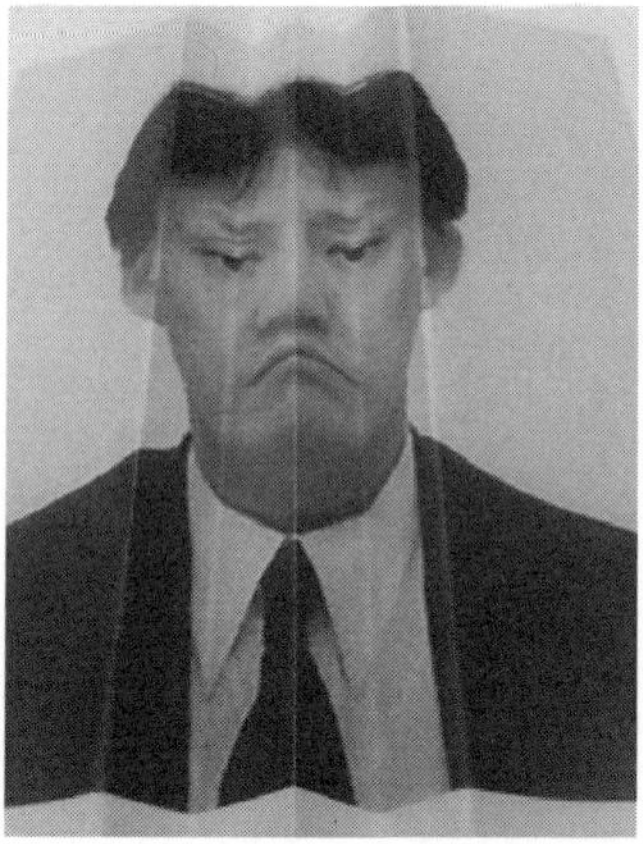
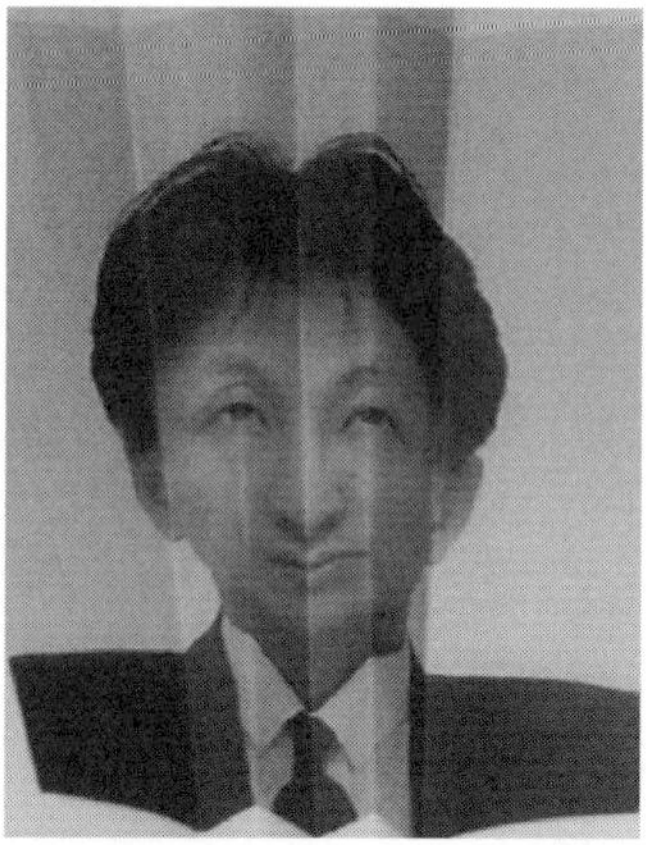

すると、福沢諭吉先生の時よりもさらにリアルなあなたの笑顔を確認することができますよ。

参考までに、私の証明写真を使って、笑顔を作成してみました。いかがでしょうか。

この一万円スマイル法は、苦手な取引先に訪問する直前や、顔を思い浮かべただけで泣きそうになる相手に会う時などに使うと非常に有効です。

でも、決して「悲しくなる」方向に傾けた顔を真似しないようにしてくださいね。

まゆ毛とイメージアップの相関関係

一万円スマイル法は、表情を変えて見せかけの笑顔をつくり、苦手な人から笑顔をもらうという方法です。

これは事前に準備をする時間がある場合に有効です。

ところが、苦手な人から突然話しかけられたりすることがあります。そんなときは、どうすればいいのでしょうか？

●苦手な人は、最悪のタイミングで話しかけてくる

あなたは、苦手な人に突然話しかけられたことがありませんか？　それは、どんな時でしょうか？

あなたがとても忙しく、仕事に集中している時とか、考え事をしている時ではありませんか？　あるいは、他人に聞かれたら恥ずかしいような独り言を言っていたり、鼻歌を歌

っている時ではありませんか？

なぜかいつも苦手な人は、あなたにとって最悪のタイミングで話しかけてくるのです。最悪のタイミングで突然話しかけられた時に、あなたの顔は一体どのようになっていると思いますか？

以前、私が苦手な上司に突然話しかけられた時に、私の顔はまゆ毛がカタカナの「ハ」の字になり、まるで携帯電話のアンテナ表示が３本立っているかのように眉間にシワが寄り、「なんだよぉ」と言わんばかりの不機嫌な思いが完全に表情に出ていたそうです（上司談）。

その時上司は、最悪のタイミングで自分から話しかけたことは棚に上げて、「なんだコイツ、態度悪いやつだなぁ」と思ったそうです。

●まゆ毛を上げるとあなたの印象がよくなる

最悪のタイミングで話しかけてきた苦手な人に対応する方法。それは、ズバリ「まゆ毛を上げる」ことです。

えっ、たったそれだけ?!　と思うかもしれませんが、まゆ毛を上げて応対するだけで、苦手な人には「何だコイツ」とも「態度悪いやつだなぁ」とも思われなくなり、円滑なコミュニケーションを保つことができます。

ためしに、鏡の前に立ち、まゆ毛を上げ下げしてみてください。

まず、まゆ毛を下げた場合はどうでしょうか。簡単に眉間にシワが寄るのが確認できますよね。

まゆ毛が下がって眉間にシワが寄ると、まるで怒っているかのように見えます。ましてや、あなたによい印象をもっていない人ならば、なおさら怒って見えるでしょう。

逆にまゆ毛を上げてみたらどうでしょうか。

まゆ毛を上げると、携帯電話のアンテナ表示が3本立っているような眉間のシワを無理矢理につくろうとしてもできません。

まゆ毛を上げ、眉間にシワをつくらないことで、あなたが相手の話を聞こうとしているように見えます。

あくまで聞こうとしているように「見える」だけで、実際は最悪のタイミングで話しかけられたために、あなたは不機嫌だとは思いますが……。

●まゆ毛を上げる（応用編）

まゆ毛を上げることと、一万円スマイル法を組み合わせると、効果が倍増します。

ただし、この2つを組み合わせる時には、ちょっとしたコツがあります。それは、まゆ毛を上げるタイミングから一瞬遅らせて一万円スマイル法をすることです。すると、言葉を発さずとも、円滑なコミュニケーションを保つことができます。

さらに、まゆ毛を上げると同時に、片方の耳を相手に向けるように顔を少し傾けてみてください。この動作は、言葉を発していなくても「えっ何ですか？（ニッコリ）」という仕草に見えます。特に女性がこのしぐさをすると、とてもカワイイのでお勧めですよ。

ディズニーのキャストが使う極上のテクニック

一万円スマイル法とまゆ毛アップ法とは、「見せかけの笑顔」をつくる方法です。見せかけの笑顔をつくることは、何となく人を騙しているようで気が進まないと感じる方もいるかもしれませんね。

しかし、笑顔をつくることは、決して人を騙すことではありません。

あなたの笑顔は、たとえつくられたものだとしても、他人を嬉しくて、楽しくて、幸せな気分にする力を秘めているのです。

実は、私も最初は笑顔をつくることにかなりの抵抗がありました。

しかし、そんな私の気持ちを一変させた出来事がありました。それを紹介します。

●ディズニースマイルって言われてもなぁ

先述したように、私は学生時代に東京ディズニーランドでアルバイトをしていました。

東京ディズニーランドでは、最初に写真付きの従業員カードを作成します。

私が従業員カードの写真を撮影した時のことです。撮影係のお姉さんにいきなりこう言われました。「はーい、ディズニースマイルお願いしまーす」。

突然のことだったので、「でぃ、ディズニースマイルって言われてもなぁ」と、正直戸惑いました。何せ東京ディズニーランドでアルバイトをする前の私は、写真が大の苦手でニッコリ笑顔をつくることなど、したことがなかったからです。

しかし、私がディズニースマイルをするまで撮影係のお姉さんはシャッターを押してくれません。私はディズニースマイルという名の笑顔をつくることに、違和感を覚えながら引きつった笑いをつくり、撮影を終えました。

●社員食堂と王子様の笑顔

ディズニーランドで、私は食堂部という部署に所属し、コックさんの助手をしていました。コックさんの助手なので、仕事中の食事はまかない飯かと思われがちですが、ディズニーランドでは社員食堂で食事を取ります。

社員食堂には、他のアトラクションで働く従業員もやってきます。

ある日いつものように社員食堂に行くと、パレードでおなじみの王子様がいました。王子様といっても、社員食堂にいる時は、衣装ではなくスウェットのような動きやすい格好をしています。

ディズニーランドの王子様といえば、みんなのあこがれの的ですよね。

私たち学生アルバイトが「あ、王子様だ、かっこいいなぁ」などと話していると、それに気づいた王子様は「ハーイ」といいながら指をパチンと鳴らして手を上げて挨拶してくれたのです。

「ハーイ」と挨拶をしてくれただけでしたが、私たちはその日1日を幸せな気分で過ごすことができました。

この時の王子様の顔は、これぞまさに「ディズニースマイル」といった満面の笑みで、私はその日の王子様の笑顔が未だに忘れられません。

ディズニーランドでは、従業員は「キャスト」と呼ばれています。キャストというのは、夢と魔法の国ディズニーランドという舞台の出演者という意味です。ですから、従業員であって従業員ではないのです。

ディズニーランドで働く人は皆、キャストなので自分が与えられた役を演じています。王子様も例外ではなく、夢と魔法の国の出演者として王子様を演じています。

彼も人間ですから、イライラして機嫌の悪い時や疲れていて体調が悪い時もあるでしょう。しかし、王子様を演じている時、彼はそんな顔は決して見せません。社員食堂にいる時でさえ、王子様を演じ続け、私たちに笑顔を振りまいています。

私が見たのは、そんな演じられた王子様の笑顔だったのかもしれませんが、それでも嬉しくて、楽しくて幸せな気分になりました。

あなたは見せかけの笑顔をつくることに、最初は戸惑いを覚えるかもしれません。

しかし、演じることも笑顔をつくることも、決して悪いことではないのです。

笑顔を見せられて、悪い気分になる人はいませんよね。満面の笑みで自分が楽しそうにしていると、それを見ている相手も自然と楽しくなってくるものです。

あなたも王子様のように、満面の笑みをつくって、ぜひ周りの人を幸せな気分にしてみてください。

相手に話しかけられた時は「モナリザ式」を使え

まゆ毛アップ法のほかにも、苦手な相手に話しかけられた場合に有効な方法があります。それは、相手があなたに話しかけている時に「あ、この人ちゃんと私の話を聴いてくれているなぁ」と思わせることです。そのためには、身体の見せ方を変えると効果的です。

●世界でもっとも印象のよい身体の見せ方は？

誰かがあなたに話しかけた場面を想像してみてください。もしあなたが相手に顔すら向けずに、返事だけをしたとしたら、相手はあなたにどんな印象を持つでしょうか？　決してよくは思いませんね。相手が苦手な人なら、なおさらです。

このときに、身体の見せ方を変えると、相手はあなたによい印象を持ちます。相手から見てもっとも印象の良い身体の見せ方は、レオナルド・ダ・ヴィンチの「モナリザ」です。モナリザは、1500年頃に描かれた作品ですが、今なお世界中の人々を魅了しています。おそらく、モナリザを見て悪い印象を持つ人は少ないはずです。この絵の身体の使い方を「モナリザ式」と名付けることにしましょう。

モナリザ式身体の使い方は、次ページの3ステップからなります。

大切なのは、注意を相手に向ける意志を示すことです。

ほ乳類が敵に見せてはいけないもっとも重要な部分は、内蔵があるお腹です。お腹を相手に向けることは、「あなたが攻撃してこないと信じていますよ」というサインになり、相手に安心感を与えます。

ただし、相手に自分の真正面を見せるのではなく、約45度の角度をつけて正面を見せるようにしてください。もう一度モナリザの絵を思い出してください。

モナリザは身体を相手の正面に向けず約45度の角度を保っていますね。この角度で接することにより、「私はこれからあなたに注意を向けますよ」という無言のメッセージを発し、相手にほどよい安心感を与えるのです。

ステップ1

相手に話しかけられたら、まず顔を相手に向ける

ステップ2

相手と目が合ったら、微笑む（一万円スマイル法）

ステップ3

上半身を相手に向ける

●モナリザ式はニュース番組でも使われていた

モナリザ方式をもっとも上手に使っているのが、アナウンサーの滝川クリステルさんです。

滝川クリステルさんは「ニュースＪＡＰＡＮ」という番組の中で、カメラに対し45度の角度で座っています。これは意識的に行なっているそうです（「ニュースＪＡＰＡＮ」のプロデューサーが他の番組で発言していました）。

苦手な人はあなたにとって最悪のタイミングで話しかけてきますが、モナリザ法を使えば、そんなときでも、印象を悪くせずに対応することができるでしょう。

電話の向こうでもわかる「ハイハット（High-hat）挙動」

電話で人と話すときは、相手に自分の姿が見えないからといって、つい態度がゆるみがちになります。

しかし、安心してはいけません。

こちらがどんな態度で話をしているのかが相手に伝わり、相手を不快にさせてしまうことがあるからです。

●決してやってはいけない「ハイハット挙動」

電話で話をする時に特に注意をしたいのが「ハイハット挙動」です。

ハイハット（High-hat）とは、元々「人を見下す」とか「人に対して威張る」といった意味で、「ハイハット挙動」とは電話の際に、態度が相手に伝わる6つの挙動（ふんぞり返る・イライラする・ガムを噛む・頬杖をつく・覇気がない・タバコを吸う）の頭文字をとったものです。

ハイハット挙動について詳しく見てみましょう。

H：ふんぞり返る

「ふんぞり返る」動作を実際にやってみるとわかるのですが、ふんぞり返っている時は体を大きく反り返して胸を張ります。この状態の時には、自然に張りのある大きな声が出ます。この声が、相手に「随分と偉そうな言い方だな」「見下されているのかな」と感じさせます。

I：イライラする

電話の向こうの相手が「あ、この人イライラしながら電話をかけてきているな」と思ったことはありませんか？　イライラしている時は、基本的に大きな声を出してしまいます。特に相手を否定したり、相手に確認を求めるときは声が大きくなります。

たとえば、次のような言葉はイライラしているときには大きな声になりがちです。

そうじゃなくて・だから・先ほどから・何度も・しかし・でも・もう一度言いますよ・

あなたは○○とおっしゃいますが・○○と言ったじゃないですか？・○○と伝えましたよね？・○○と確認したじゃないですか？・また○○ですか？

仮にあなたがイライラしていても、相手を否定する言葉や、相手に確認を求める言葉の音を小さめに抑えれば、相手にあなたのイライラを悟られることはないでしょう。

G：ガムを噛む

「ガムを噛みながら電話をする人なんていないでしょう？」と思うかもしれませんが、意外に多いのです。きっとガムを噛んでいることは気づかれないだろうと思っているのでしょうが、残念ながら現在の電話の性能はかなり高いので、口の中に何かが入っていると、その音をしっかり拾ってしまいます。

ガムだけではなく、飴をなめていてもわかりますので気をつけてくださいね。

H：頬杖をつく

頬杖をつくと、ふんぞり返る時とは逆に背中が曲がった状態になるので、ハッキリとした声が出ません。あごの動きも制限され、もぞもぞとした声になります。

相手が目の前にいる時は、頬杖をついて話なんてしませんよね。電話をしている時でも同じですよ。

Ha：覇気がない

あなたはきっと「覇気があるかないかなんて、電話ではわからないでしょ？」と、少し疑問に思っていることでしょう。しかし、覇気のなさは確実に相手に伝わります。

試しに平日の昼間、お客の入っていなさそうなカラオケボックスに電話をしてみてください。おそらくアルバイトが「ふぁーい、まいどありがとぉーーす、○○カラオケぇーッス」と電話に出ると思います。

このように、声がハッキリ聞こえず言葉が間伸びしていると、「やる気がなさそう」「ダラダラしてるな」など、覇気がない印象を与えます。

T：タバコを吸う

最近はタバコを控える人が増えてきましたが、タバコを吸う人のなかには、タバコを吸いながら電話をする人が多いのではないでしょうか。

タバコを吸いながら電話をすると、話をしている時にタバコの煙を吐き出したり、タバコの火を消そうとしたときに、一瞬ですが「間」ができます。

また、タバコの煙を吐き出す息が、ため息に聞こえてしまうこともあります。こうしたチョットしたことが、相手に不快感や違和感を与えます。

もしあなたと電話をしている相手が、ハイハット挙動（ふんぞり返る・イライラする・ガムを噛む・頬杖をつく・覇気がない・タバコを吸う）のいずれかをやっているとしたら、決してよい印象を持たないですよね。

電話など自分の姿が相手に見えない場合でも、ハイハット挙動を行なわないように気をつけましょう。たとえ相手が苦手な人でなくても、です。

部長、近づきすぎですよ、近い！

職場では、ひとつのパソコン画面を2人で見ながら仕事をすることがありますよね？

そんな時にもっとも気をつけたいのが、あなたと相手との距離です。

距離を誤ってしまったことが原因で、それまで苦手ではなかった人も、苦手になってしまうことがあります。

「相手との距離」と言われても、あまりイメージが浮かばないかもしれません。そこで、私が聞いたあるOLさんの体験記を紹介します。

●近づきすぎですよ、近い！

ある日部長が「えーと、この前のあのエクセルファイルの件なんだけどさぁ、ちょっと画面に出してくれない？」と言って私の机に近づいてきました。

私が部長に言われたファイルをパソコンの画面に出したその瞬間、事件が起こったのです。「あー、これこれ、この書類のさぁ……」と言いながら、肩がふれる距離まで体を寄せてきて、部長の顔が私の顔に急接近したのです。

私は思わず、「何ですか？　近づきすぎですよ、近い！」と言ってしまいました。気がつくと、私は近づいてくる部長の体を避けるように、思い切り体を斜めにしていました。

もちろん私は部長のことを、人生の先輩としても上司としても尊敬していますよ。でも、突然体を寄せてきて、部長の顔が私の顔の真横にきたら驚きますよね。

仮に部長に変な意図がなかったとしても「女性に近づきたいのかしら？」と疑ってしまいたくなります。

この件があってから、最近はちょっと部長のことが苦手になってしまったのですよねぇ。

●なぜ近づきすぎ状態が起こってしまうのか

いかがでしょうか？

このような状態を、私は「近づきすぎ状態」と呼んでいます。

あなたの周りでも、近づきすぎ状態が時々見られるのではないでしょうか？　もしくは、あなた自身が「近い！」と言われたことがあるかもしれません。

なぜ近づきすぎ状態が起こってしまうかわかりますか？　原因は、近づいて行く人（先の例では部長）にあります。

先の部長さんは、実は老眼です。老眼の人がパソコンの画面に映し出された文字を読もうとすると、焦点が合う所まで顔をパソコンの画面に持ってこなければならないですよね。その結果、相手の肩にふれるほど体が近づいてしまい、「近づきすぎですよ！」と言われてしまうのです。

では、どの程度まで相手に近づくと近づきすぎ状態となるのでしょうか？

「近い！」と思われる距離は、人それぞれですし、相手があなたに対してどんな印象を持っているかによっても違ってきます。

私が聞いた中でもっとも多かった意見は、70〜80㎝程度の距離です。70〜80㎝程度と言っても、ピンとこないかもしれません。

大体の目安としては「大きく前へ習え」をして、その範囲内に相手が入ってくると近づきすぎ状態が発生すると思っていただいて結構です。

では、どのようにすれば、近づきすぎ状態を防ぐことができるのでしょうか？

それは、パソコンの画面を一緒に見ながら、一緒に仕事をするのを諦める（もしくは、相手に諦めてもらう）ことです。

あなたと、相手の分2枚をプリントアウトし、お互いの紙を見ながら、話をするようにしましょう。

その際、老眼の方でもよく見えるように、拡大してプリントアウトしてあげると、きっと相手に好印象を与えられますよ。

3章

苦手な人の話を聴く　基礎編

劇的に会話が変わるテクニック1

なぜ聴き方が大切なのか？

これまで、「見せ方」を変えることで、あなたの印象をアップさせる方法をお話ししてきました。

見せ方を変えることによって、苦手な「あの人」が持つあなたへの印象は、それ以前に比べて数段よくなっているはずです。

なぜなら、話しかけると、あなたはモナリザのように美しく振り向き、微笑んでくれるのですから。そうなれば、相手はあなたに好印象を持ち、その後はあなたに積極的に話しかけてくるかもしれません。

しかし、相手に話しかけられた時、あなたがモナリザ式で身体を傾け、一万円スマイルでニコニコと微笑んでいるだけで、相手の言うことに返答しなかったとしたらどうでしょう？

相手は「何だかお人形さんと話しているようだなぁ」と思うのではないでしょうか。

この章では、苦手な人と会話をする際の「聴く」テクニックの話をします。このテクニックを身につければ、あなたの印象はさらにアップします。

とはいえ、あなたは見せ方を変えた今現在も、相手に苦手意識を持ったままですね。苦手ではない相手の話を聴くのでさえ面倒なのに、苦手な人の話を聴くなんて、とても辛くて耐えられないよ、と思うかもしれません。

しかし、ご安心ください。

私がお話しする「聴く」テクニックは、いわゆる「上手に会話をする方法」とは違うものです。

あまり大声で言えない内緒の話なので小声で言いますね。

本当は「聴く」テクニックではなく「右から左へ聴き流す」テクニックなのです。

あなたは苦手な人の話なんて、まったく聴いていなくていいのです。聴いているように見せればいいのです。ここで紹介するのは、そのためのテクニックです。

でも、相手の話を聴くだけで（聴いているように見せかけるだけで）、本当に相手は満足するのか不安ですよね。

まずは、相手の話を聴いてあげるだけで、相手が満足してしまうという例を取り上げたいと思います。

人はなぜキャバクラやホストクラブに行くのか？

相手の話を聴くだけで、本当に相手は満足するでしょうか？

答えは「イエス」です。

多くの人は自分の話を聴いて欲しいと思っているので、あなたが相手の話を聴いてあげるだけで、相手の満足度はかなり向上します。

あなたは、自分の話を聴いてもらうために、相手にお金を支払いますか？

おそらく多くの人は「心理カウンセリングならまだしも、話を聴いてもらうためだけにお金なんか払わないよ」と思うでしょう。

しかし、「話を聴いてもらうため」にキャバクラやホストクラブに高いお金を払って通う男性や女性が存在するのも事実です。

話を「聴く」という視点から、よくある男女の会話とキャバクラでの会話を比較してみましょう。

男「今日さぁ、部長に無茶苦茶叱られちゃったよ。俺の責任じゃないのになぁ……」
女「へぇそうなんだぁ、あたしなんかさぁ、今日ランチを事務所のA子と食べに行ったのね。A子知ってるでしょ？　ほら、この間彼氏と別れちゃった子。A子とランチ食べに行ったらさぁ、スペシャルランチを頼んだのに、メインのハンバーグが全然小さくて、そんなのスペシャルじゃないよねって2人で怒っていたの」
男「……（俺の話はどこ行っちゃったんだろう）」
女「ねぇ、ちょっと、あたしの話聞いてる？」
男「えっ、あぁ……（A子の話なんて今はどうでもいいんだけど）」
女「（気のない返事ね）今、絶対私の話聞いてなかったでしょー？」
男「ちゃんと聞いていたよ。そんなのさぁ、注文する前にちゃんと確認すれば問題ないんじゃないの？？」
女「えー何それ？　あたしとA子が悪いってこと？　ヒドクない？」
男「なんだよ、じゃぁ何て答えればいいんだよ。わざわざアドバイスしてやったのに」
女「（アドバイスが欲しかった訳じゃないのに）もういいわよ！　あんたには話をしないわよ！」

さて、いかがでしょう。「あるある、こういう会話」と思われた方も多いのではないですか？

続いて、キャバクラでの男性客とキャバクラ嬢の会話をお聞きください。

男性客「今日さぁ、部長に無茶苦茶叱られちゃったよ。俺の責任じゃないのになぁ……」

キャバ嬢「えーっ、本当？　あなたの責任じゃないのにぃ？」

男性客「俺じゃなくて部長の指示が悪いんだよ」

キャバ嬢「(頷きながら）あぁ、そうなんだぁ、部長の指示ってそんなに悪かったの？」

男性客「そりゃぁヒドいもんだよ。大体あの部長はさぁ……」

続けて、ホストクラブでの女性客とホストの会話をお聞きください。

女性客「今日さぁ、ランチを事務所のA子と食べに行ったのね。A子知ってるでしょ？ほら、この間彼氏と別れちゃった子。A子とランチ食べに行ったらさぁ、スペシャルランチを頼んだのに、メインのハンバーグが全然小さくて、そんなのスペシャルじゃないよねって2人で怒っていたの」

ホスト「えーっ、本当？　スペシャルランチを注文したのに？」

女性客「スペシャルなんてメニューに書くほうが悪いのよねぇ」

ホスト「(頷きながら）あぁ、そうなんだぁ。ハンバーグはそんなに小さかったの？」

女性客「そりゃぁ小さかったわよ。大体あそこの店員がさぁ……」

さて、最初にご覧いただいた男女の会話とキャバクラ・ホストクラブでの会話では、一体何がちがうのでしょうか？

ポイントは次の4つです。

① 普通の男女の会話は、お互いの話を聴こうとせず、自分のことを話している

② 普通の男女は、話の内容ではなく、自分の話を聴いてくれなかったことに怒りを感じている

③ キャバクラ嬢やホストは、自分の話をしていない

④ キャバクラ嬢やホストは、相手に質問をしている

この点に注意し、相手の話を「聴く」ことができれば、苦手な〝あの人〟は、ちょうどキャバクラやホストクラブで話す客のように満足し、あなたとの距離を縮めます。相手から距離を縮めてくれれば、つき合いやすくなるのではありませんか？

とはいえ、皆さんは人の話をキャバクラ嬢やホストのように聴くのは難しいと感じられたかもしれません。そう感じた方のために、とっておきのテクニックがあります。

それは、言葉のキャッチボールです。

「言葉のキャッチボール」とは何か？

野球の基本がキャッチボールならば、会話の基本は言葉のやりとりです。言葉のキャッチボールといってもいいでしょう。

先ほどのキャバクラやホストクラブでの男女の会話から、相手の話を聴いてあげるだけで、相手が満足してしまうということを見てきました。

すると、あなたは「私はキャバクラ嬢やホストではないので、あんなに上手に人の話を聴くなんてできないよ」と思うかもしれません。

でもご安心ください。言葉のキャッチボールを実践すれば、簡単に相手が満足してしまうのです。

言葉のキャッチボールは、野球のキャッチボールととても似ています。

野球のキャッチボールは、2人でひとつのボールを交互に投げ合いますが、言葉のキャッチボールは、2人でひとつの言葉（話題）を交互に投げ合います。

野球のキャッチボールで、投げられたボールを受け取らなかったり、相手のいないところにボールを投げたりしたら、キャッチボールは成立しませんよね。

会話も同様です。

相手の言葉を受け取らなかったり、相手の言っていることと全然違う内容の話をしたのでは、会話は成立しません。

野球のキャッチボールを成立させるための最初のステップは、相手の投げたボールを受け取ることです。会話も同様に、成立させるための最初のステップは、相手の言葉を受け取ることです。これが「聴く」ということにほかなりません。

では、実際の言葉のキャッチボールの様子を見てみましょう。

正しい「言葉のキャッチボール」のやり方

野球のキャッチボールに、ボールの受け方・ボールの投げ返し方があるように、言葉のキャッチボールにも「言葉の受け方・言葉の投げ返し方」があります。

野球のキャッチボールが「準備をする」「受け取る」そして「投げ返す」という3つの大きな動作で成り立つのと同じように、言葉のキャッチボールも、この3つの動作で構成されています。それぞれ詳しく説明しましょう。

①「準備をする」

野球のキャッチボールでは、相手のボールを受け取る前に、グローブを相手に向け、「私はボールを受け取る準備ができたよ」と動作で相手に伝えます。

言葉のキャッチボールも同じです。自分の動作で相手に「聴く準備ができたよ」と伝えればいいのです。そのために使うのが、「一万円スマイル法」や「まゆ毛アップ法」そして「モナリザ式」です。この見せ方を使えば、「私はあなたの言葉を受け取る準備ができたよ」と相手に伝えられます。

②「受け取る」

野球のキャッチボールでは、相手のボールをグローブでしっかりキャッチします。グローブにボールが収まった時には「パーン」と乾いた音がするものです。ボールを投げた人は、グローブにボールが収まった様子を見る（視覚）と同時に音を聞いて（聴覚）、相手が受け取ったことを確認します。

言葉のキャッチボールも同様に、言葉を投げた人に、言葉を受け取ったことを見せる（視覚）と同時に、音を聞かせます（聴覚）。

それは、相づちを打ち、返事をすることです。

相づちを打ち、返事をすることで、視覚的・聴覚的に「私はあなたの言葉をちゃんと受け取りました」と伝えることができます。

③「投げ返す」

野球のキャッチボールでは、文字通りボールを投げ返すのですが、その際には相手の胸元にボールを返します。

なぜ胸元にボールを投げるのかといえば、胸元付近に来たボールは受け取りやすく、次の投球動作に入りやすいからです。

言葉のキャッチボールも同じように、相手があなたの言葉を受け取りやすく、あなたに返しやすい言葉を投げなければなりません。

それが「質問」をするということです。

相手の話に関係する質問を常にしていれば、必ず相手は答えてきますよね。返ってきた答えに続けて質問をします。すると、自然に会話が続くようになります。


言葉のキャッチボールが、野球のキャッチボールとよく似ていることがおわかりいただけたと思います。

あなたが相手の言葉を正しく受け取って、正しく相手に言葉を返すことができれば、相手は「自分の話を聴いてもらえた」と満足してくれるでしょう。

もしもボールが受け取れなかったら……

あなたが言葉のキャッチボールのルールにそって、相手の言葉を受け取る準備をし、受け取って、返しても、相手がその流れに従ってくれない時があります。

野球のキャッチボールにも成立しない時があります。それは次のような時です。

①　ボールを受け取らず、サッカーボールなどまったく別のボールを投げ返してきた
②　相手がボールを受け取らず、ボールが転々としている
③　受け取ったボールを、投げ返してこない

このような時、キャッチボールは成立しません。

これを図にすると、次ページの図Iのようになります。

一方、言葉のキャッチボールが成立しないのは、次のようなケースです。

図I　野球のキャッチボールが成立しない時

	受け取らない	受け取る
投げ返す	①ボールを受け取らず、サッカーボール等のまったく別のボールを投げ返してきた	成立
投げ返さない	②相手がボールを受け取らず、ボールが転々としている	③受け取ったボールを、投げ返してこない

図J　言葉のキャッチボールが成立しない時

	受け取らない	受け取る
投げ返す	①まったく違う話を始める	成立
投げ返さない	②あなたの話を無視する	③話を右から左に受け流す

①　相手があなたの話とまったく違う話を始める
②　相手があなたの話を無視する
③　相手があなたの話を右から左に受け流す

これを図にすると、図Jのようになります。

2つの図を見るとおわかりいただけると思いますが、野球のキャッチボールと言葉のキャッチボールに共通していることがあります。

それは「受け取る」「投げ返す」の両方が満たされていないと、キャッチボールが成立しないということです。

では、言葉のキャッチボールが成立しなかった場合、どうすればいいのでしょうか？

言葉のキャッチボールを成立させるには？

①相手があなたの話とまったく違う話をし始めた場合

これは業界が違う人同士で会話をするとき、たまに見かけます。

たとえば、「ＰＣ」と聞いてあなたは何を連想しますか？

コンピュータ業界の人は、「パーソナルコンピュータ」を連想するかもしれません。しかし、プラスチック材料業界でＰＣというと、「ポリカーボネート」という材質を指すのです。

この場合は、相手が勘違いをしている可能性もありますが、もしかしたらあなたが勘違いをしているのかもしれません。

そんな時は「今のお話は、○○のことと理解してよろしいですか？」と確認の質問をしてみましょう。

「今のお話は、パーソナルコンピュータのことと理解してよろしいですか？」

「今の話は、明日の予定についてでいいのだよね？」

というように。

確認の質問をした後は、相手がまったく違う話をしてくることはなくなるでしょう。

②相手があなたの話を無視してきた場合

相手があなたの話を無視してきた場合も同様です。この状態から抜け出すには、もう1球ボールを投げ直すことが必要です。

無視されたのではなく、相手があなたの声に気がつかなかっただけかもしれません。もう1回、相手に質問を投げかけてみましょう。

③相手があなたの話を右から左に受け流した場合

返事や頷きはあるものの、それ以外の話が返ってこない状態です。

「子供がマンガを読みながらお母さんの説教を聞いている状態」を思い浮かべてください。

相手はボールを持ったままですから、投げ返してもらわないといけないですよね。ここは相手が「クイズミリオネア」のみのもんたさんだと思って、答えを投げ返してくれるまで、じっと待ちましょう。

きっと沈黙に耐えきれなくなって、相手から話しかけてくるでしょう。

あなたが言葉のキャッチボールのルールに従って相手の言葉を受け取って、返しても、相手がそれに応じてくれない時があります。

しかし、そのような場合でも、慌てることはありません。

すでに示したように、あなたが正しく誘導すれば、相手は自然に動き出し、すぐにキャッチボールを再開することができます。

「あいうえお相づち法」を使え！

言葉のキャッチボールでは、相手の言葉を受け取ったら、「受取ったことを相手に示す」ことが重要です。相手に「言葉を受け取ったことを示す」には、何をすればいいのでしょうか？

唐突ですが、ここで実験してみましょう。

あなたのお部屋に、ぬいぐるみはありますか？　ぬいぐるみがない人は人形でもかまいません。

見つかりましたか?

見つかった人は、ぬいぐるみをどれかひとつ選んでください。

そして、あなたが選んだぬいぐるみに話しかけてみましょう。内容は、何でもいいです。今日の天気でも、好きな異性のことでもいいですから、ぬいぐるみに話しかけてみてください。

どうですか?

ぬいぐるみは、あなたの話を聞いているように見えますか?

どう見ても、聞いているようには、見えませんねぇ。

なぜでしょう?

それは、ぬいぐるみが「何も反応を示さない」からですね。ぬいぐるみは相づちを打ってくれないので、あなたの話を聞いているようには見えないのです。

「なぁんだ、ただ『相づちを打つ』だけかよ!」と思ったあなた、残念!

実は、ただ「相づちを打つ」だけでは、相手にはあなたが話を聴いているようには見えません。

あなたが相手の話を聴いているように見せるには、相づちの「あいうえお」を実践する必要があります。

●効果的な「あいうえお」

相づちの「あいうえお」とは何かというと――
それは、相づちをパターン化してみようということです。
では、私が考えた相づちのパターン化、「あいうえお相づち法」を説明していきましょう。

【あ】「あ、なるほど」
ポイント：相手が、ノウハウ等を提供してくれた時に使います。「あ」と言いながら、ちょっとだけ、アゴを上げると効果的。
たとえば、「○○は、□□すればいいんだよ」に対して、「あ（ちょっとアゴを上げる）、なるほど」と言います。

【い】「いいですねぇ」
ポイント：相手をほめる時に使います。たとえば、「週末、妻と箱根の温泉に行って来たよ」に対して「いいですねぇ」と言います。

【う】「うーーん、さすがですね」
ポイント：「いやぁ、知らなかった、やっぱり部長はすごいですね」という意味を凝縮して「うーーん」と唸ってみましょう。昔話や武勇伝に対しては、「うーーーん、さすがですね」

【え】「えっ！」
ポイント：軽く驚くだけで十分です。ちなみに「えーーー！」と伸ばしてはいけません。「えーーーー！」と伸ばすと、否定的に聞こえてしまったり、小馬鹿にされているように感じられることがあります。

【お】「おぉぉぉ」
ポイント：声を低くして、底から沸きあがるように「おぉぉぉ」です。相手の自慢話は、これ1本でOKですよ。

この「あいうえお相づち法」を使えば、相手に「あなたの言葉をちゃんと受け取りましたよ」という姿勢がしっかりと伝わります。

「何を言ってるんだよ」を上手に伝える方法

言葉のキャッチボールは会話だけではなく、電子メールでも行なわれます。実際に会って言葉を伝えるのと、メールで言葉を伝えるのとでは、キャッチボールの仕方が違います。

「通常の会話もメールのやりとりも同じじゃないの？」と思われるかもしれません。しかし、自分の考えを文章にして相手に正しく伝えるのは、意外にむずかしいものです。

たとえば、あなたが「何を言ってるんだよ」と冗談っぽく伝えたいとします。そのとき、次の3つのパターンを考えてみましょう。

①実際に会って声や表情・身振り手振りを加えながら「何を言ってるんだよ」と伝える
②電話を使って声だけで、「何を言ってるんだよ」と伝える
③メールで文字だけで、「何を言ってるんだよ」と伝える

冗談っぽい雰囲気は、どれが一番伝わりやすいでしょうか？　おそらく多くの方が、①の「実際に会って」が一番伝わりやすく、次が②の「電話」で、一番伝わりにくいのが、③の「メール」と感じたのではないでしょうか？

実際に会うと、言葉だけでなく、表情や声のトーンなど視覚的・聴覚的な情報も相手に伝わるので、相手はあなたが冗談っぽく言っていると判断できます。

電話の場合、あなたの表情こそ見えませんが、声のトーンなど聴覚的な情報が伝えられ、ある程度あなたが冗談っぽく言っていると判断できます。

これに対し、メールの文字だけで「何を言ってるんだよ」と伝えた場合はどうでしょうか？

文字情報だけの場合、あなたの表情も声のトーンもわかりません。

そのため、相手の人は、あなたが「何を言ってるんだよ」と怒って言っているのか冗談で言っているのか判断しにくくなります。

特に、苦手な人に対してメールで必要なことだけ伝えると「冷たく事務的な言い方だ」と受け取られてしまう可能性があります。

実際に会ったり電話などで言葉を伝えるのに比べ、メールなど文字で言葉を伝える場合は、言葉を投げる人も言葉を受け取る人も注意が必要です。

では、文字による言葉のキャッチボールでは、どんな点に気をつければいいのでしょうか。

まず、実際に会って話す場合の言葉のキャッチボールを復習してみましょう。

① 準備をする――「一万円スマイル法」や「まゆ毛アップ法」等の見せ方を使って「言葉を受け取る準備ができたよ」と伝える
② 言葉を「受け取る」――相づちを打ち、返事をすることで、視覚的・聴覚的に「私はあなたの言葉をちゃんと受け取りましたと」と伝える
③ 言葉を「投げ返す」――相手の話に関係する質問をして相手の答えを求める

この3ステップが言葉のキャッチボールでした。
これに対し、文字による言葉のキャッチボールでは、次の3つのステップを踏みます。

①受け取れない時の準備をする
②受け取ったことを伝える
③投げ返す

それぞれ詳しくご説明いたしましょう。

①受け取れない時の準備をする

メールは、受け取る側がメールを見られるかどうかわからない状態で送ります。旅行や長期出張・入院などをしていればメールを見ることができませんし、仮に見ることができても返事が書けない場合があります。

ですので、受け取れないことがあらかじめわかっている場合は、不在通知のメールが自動で返信されるように設定を変えておく必要があります。

②受け取ったことを伝える

メールを送った人がもっとも不安に思うことは「メールが確実に届いたか」「メールを読んでくれたか」の2点です。

メールを送った人の不安を解消してあげるために、まずは受け取ったことを伝えるメールを送りましょう。その際「正式なお返事は○月○日までに送付させていただきます」と後ほどボールを投げ返す意思があることをつけ加えます。

③投げ返す

受け取ったメールに対して正式な返事を送ります。ポイントは、言葉のキャッチボールと同様に、相手があなたの言葉を受け取りやすく、あなたに返しやすい言葉、すなわち「質問」をします。相手の話に関係する質問を、メールの本文に入れておけば、自然とメールのキャッチボールが成立します。

しかし、メールではあなたの声や表情が相手に伝えられないため、相手に誤解を与えることもあるでしょう。

親しい人との間であれば、表情は「顔文字」や「(笑)」などで伝えることができますが、ビジネス上のメールでは、そうした表示は使いづらいものです。

そこで、顔文字に変えて、（　）をつけ加え、そこにあなたの気持ちを表わす短い文を書いてみましょう。

たとえば……

(笑)→(笑いが止まりません)

(^▽^)→(嬉しいです)

(>_<)→(悲しいです)

w(ﾟoﾟ)w →（驚きました）

といった具合です。

先ほどの「何を言ってるんだよ」を冗談っぽく伝える場合は——

「何を言ってるんだよ（冗談です）」

と書き加えることによって、相手に誤解を与えないですみます。

このように、実際に会って言葉を伝える場合とメールなどの文章で言葉を伝える場合では、言葉のキャッチボールの仕方が違ってきます。

これを理解しているのとしていないのとでは、相手があなたに持つ印象が大きく違ってきますので、注意が必要です。

4章

苦手な人の話を聴く　応用編

劇的に会話が変わるテクニック2

ココリコ遠藤に学ぶ、話の長い人と上手につき合う方法

話の長い人と上手につき合うには、相づちだけではなく、上手に聞き流すことも必要です。ご近所や会社などに、必要以上に話の長い人はいませんか？　そんな人に相づちの「あいうえお」を長時間使うと、非常に疲れます。

では、必要以上に話の長い人と言葉のキャッチボールを行なう場合は、どうすればいいのでしょうか？

私が以前勤めていた会社では週に一度、個別営業ヒアリングの機会が設けられていました。上司（専務と部長）と、私で商談の進み具合をチェックする時間です。

その個別ヒアリングの時の専務の話が「**長あぁーーーーーーーい**」のです。

短くても1時間、長い時は2時間くらい一人で話し続けています。専務の話が本題より長いなんてことは日常茶飯事で、もううんざりでした。

私はいつも「いいかげんにしろ、お前、話が長すぎるんだよ。本題だけ話せば10分で終わるだろ」と心の中で叫んでいました。

どんなに話が長くても、自分に関係ある話であれば我慢もできます。しかし、ほとんどは、私には無関係の無意味な内容でした。私は、この専務の長い話を聞くだけで、本当に本当に本当に疲れました。

個別ヒアリングのことを考えるだけで、ストレスで胃が痛くなってしまったほどです。

そんなある日、たまたま観たテレビ番組で、ココリコの遠藤章造さんが面白いことをおっしゃっていました。

それは、遠藤さんが編み出した「話の長い先輩芸人の話を、ストレスなく聞く方法」でした。

その方法は非常に簡単で、相づちを打ちながら、

「ですよねぇ……ですよねぇ……マジすか!?　ですよねぇ……ですよねぇ……マジすか!?」

を繰り返すだけ、というものでした。

あなたが女性であれば、「マジすか!?」とは言わないと思いますので、「ですよねぇ……ですよねぇ……そうなんですか!?」となるでしょう。

ちなみに、ココリコの遠藤さんは「ですよねぇ……ですよねぇ……マジすか!?」と返答

しておきながら、先輩芸人の話はまったく聞いていないそうです。スゴイですね。

ポイントは、ただ相づちを打つだけではなく、時々に「マジすか（そうなんですか）!?」と入れる所です。「マジすか（そうなんですか）!?」を時々入れるだけで、相手は「この人はちゃんと話を聴いてくれているな」という印象をもってくれるでしょう。

さらに、「ですよね」で肯いて、「そうなんですか!?」で首を傾げると、視覚的な効果もアップし、あなたの印象はさらによくなるでしょう。

「アレリーマン」上司と上手につき合う方法

言葉のキャッチボールで、相手に上手に言葉を返すためには、場面ごとに効果的な「質問」をすることが必要です。

とはいえ、相手が次のような調子だったら困りますよね。

「あのさぁ、この前ウチの事務所に書類を持ってきた、あそこの会社の、あの営業の人、だれだっけ？　いゃあ、顔はわかるんだけど、名前が思い出せないんだよなぁ……」

あなたの周囲にこんな上司はいませんか？「いるいる、ウチの職場にも」と思い当たったら、それは、れっきとした「アレリーマン」上司です。

会話の際に「これ」「それ」「あれ」「どれ」を連発するサラリーマンのオジサンたちのことを、「アレリーマン」と言うそうです（ちなみに女性の場合は、「アレリーマン」ではなくて「アレガネーゼ」だそうです）。

アレリーマン上司は、私達に指示する時はいつも「これ」「それ」「あれ」「どれ」を連発します。「この間のあれ、これでよかったんだっけ？」とか「先週のあれ、できた？」と言ってきます。

「この間のあれ」って、いつの何？「これでよかった」の「これ」って何？「先週のあれ」って、何曜日の何？　いつもこんな調子で、何を言っているのかさっぱりわかりません。

これでは聞かれても答えようがありません。きっとクイズ王や超能力者でも答えられないですよね？「これ」「それ」「あれ」「どれ」ではなく、アレリーマン上司から明確な指示をもらうためにはどうしたらよいのでしょうか？

対処法①　アレリーマン上司の主な行動パターンを知る

アレリーマン上司の主な行動パターンは、ズバリ、次の３つです。

「思い出せない」「覚えられない」「忘れる」

たとえば、こんな感じです。

・顔はわかるのに名前が出てこない（あるいはそもそも最初から覚えていない）
・電話番号が思い出せない（あるいは、そもそも覚えていないということを忘れている）
・「鳥インフルエンザ」のことを「鳥インフレ」と言う（正しい名称が覚えられない）
・「ジャニーズ」のタレントは、皆同じに見える（タレントの違いを覚えられない）
・書類や財布、携帯電話等をどこ置いたのかわからない（忘れる）
・忘れないように「どこに置いたのかを書いたメモ」を、どこ置いたのかわからない（忘れる）

対処法②　アレリーマン上司に対して使ってはいけないＮＧワードとは

アレリーマン上司がアレリーマン症状を示したときに、絶対に言ってはいけない言葉。

それは、

「アレとかコレでは、わかりませんよ」

です。

アレリーマン上司の脳裏には「アレ」の画像が浮かび、「アレ」の名前が喉まで出掛かっています。あともう少しで「アレ」の名前がわかりそうでわからない。そんなときに、あなたに助けを求め、「アレ」と言うのです。

そんなときにNGワードを使うと、どうなると思いますか？　アレリーマン上司は、なんと「○○さんは私の考えを理解する力がない」と思ってしまうのです。

それだけではすみません。この瞬間に、「アレ」の名前がわからないのが、理不尽にもあなたの責任になってしまうのです。

対処法③　会話を成立させるプレミアムトーク

アレリーマン上司が「思い出せない」「覚えられない」「忘れる」状態になり、会話の際に「これ」「それ」「あれ」「どれ」を連発するのは、年齢と共に発生するごく自然な現象です。あなたのせいではありません。

ですから、アレリーマン上司と会話が成立しないからといって、あなたが批判されたり、あなたが叫びたくなるほどのストレスを溜める必要はないのです。

とはいえ、「アレリーマン上司には泣かされるわ」という声が聞こえてきそうですね。

そこで、あなたとアレリーマン上司との会話を成立させるための、とっておきプレミアムトークをお教えしましょう。

それは……

「私、今2つのアレが思い浮かんでいますが、どちらのアレですか?」

というトークです。

こう質問すると、アレリーマン上司は、「あのぉアレだよアレ! 先週○○専務に渡したアレ!」とアレリーマン上司自らが説明を始めます。

そこで、続けてこう質問します。

「○○専務に渡した書類は、AとBの2種類ありますが、どちらですか?」

ポイントは、「2つのアレが思い浮かんでいる」という部分です。

「2つのアレが思い浮かんでいる」と言えば、アレリーマン上司が言うことの50%は理解していますよ、とさりげなくアピールできます。そうすれば、会話が成立しない責任を押しつけられずにすみますし、アレリーマン上司が言う「アレ」の正体も見えてきます。

でも、「2つのアレ」と言っても、本当は何のことやらまったくわかっていないんですけどね。

「5W1H」失踪サスペンス劇場が始まったら……

「報告・連絡・相談」――社会人なら誰でも耳にしたことのある言葉ではないでしょうか？仕事でのコミュニケーションでは、「報告・連絡・相談が重要」というのは、どんな新入社員研修でも教えているからです。

報告・連絡・相談をする時に基本となるのが、「5W1H」です。すでにご存じの方も多いとは思いますが、改めて「5W1H」を整理してみましょう。

「What（何を）」
「When（いつ、いつまでに）」
「Where（どこで、どこへ）」
「Who（誰が、誰に、誰と）」

「Ｗｈｙ（なぜ）」

「Ｈｏｗ（どのような方法で）」

これらの頭文字を取って、「５Ｗ１Ｈ」と言います。

さらに「Ｈｏｗ　ｍｕｃｈ（いくら）」を加えて、「５Ｗ２Ｈ」と教わった方もいらっしゃるかもしれません。特に営業部門では「５Ｗ２Ｈ」を明確にして報告・連絡・相談をするように教えている企業が多いようです。

「５Ｗ１Ｈ」を明確にすることで、情報が整理され、正確に伝わるようになります。「５Ｗ１Ｈ」に基づいた報告・連絡・相談は、聞いていて、非常にわかりやすいものです。

しかし、残念ながら「５Ｗ１Ｈ」の一部が欠けた状態で会話をしてしまう方は少なくありません。

アレリーマンのように、何を言っているのかまったくわからない話し方も困りますが、「５Ｗ１Ｈ」の一部分だけが不明瞭な場合も返答に困ってしまいます。

それはたとえば、こんな会話です。


「来た？」――何が？　誰が？

「予約取れた？」――何の？　どこの？　いつの？

「オレ出張だからさ」――どこに？　いつ？
「努力します」――何を？　いつまでに？　どのような方法で？　なぜ？
「はい、わかりました」――何が？　いつまでに？　誰が？　どのような方法？

いかがでしょうか？　まるで「5W1H」が失踪してしまったサスペンス劇場のように「？」マークが並んでしまいました。こんな時には、どのように対応すればいいのでしょうか？

対処法①　「5W1H」失踪サスペンス劇場が始まってしまった時のNGワードとは

「5W1H」失踪サスペンス劇場が始まった時に、言ってはいけない言葉、それは「何が？」と、失踪している5W1Hをズバリ尋ねてしまうことです。もちろん「何の？」「どこの？」「いつの？」「誰が？」なども同様です。

これは、TVで放送しているサスペンス劇場の最初に「犯人は誰？」と聞いてしまうようなもので、相手の怒りをかいます。

対処法②　会話を成立させるためのプレミアトーク

ＴＶで放送しているサスペンス劇場では、色々なヒントを元に犯人を探していきます。

「５Ｗ１Ｈ」失踪サスペンス劇場でも、会話に隠されているヒントを元に、相手が伝えたい内容を探していきます。

そこで、事件解決のためのとっておきのプレミアトークをお教えしましょう。

それは……

「はい、〇〇なら△△ですが、ＯＫですか？」

です。

少しわかりにくいかもしれませんので、実例をご覧いただきましょう。

上司「おーい、頼んでおいた予約取れたかい？」

部下「(予約？)　はい、予約なら大会議室を取りましたが、ＯＫですか？」

上司「いや、それじゃなくて会食の予約だよ！」

部下「(あぁ、明日の件だな)　はい、会食なら銀座の中華一番飯店を予約しましたが、ＯＫですか？」

上司「おぉ、銀座の中華一番飯店なら、Ａ社の社長も喜ぶなぁ。ありがとう」

お父さん「ねぇ、ずっと待っているんだけど来た？」
娘さん「(来た？って何が？)うん、荷物なら、おばあちゃんから来ているけど、ＯＫ？」
お父さん「いや、それじゃなくて電話だよ電話！」
娘さん「(あぁ、お母さんからの電話だな)うん、電話ならお母さん今夜は遅くなるって言っていたけど、ＯＫ？」
お父さん「そっかぁ、それなら駅まで迎えに行かなくちゃなぁ。」

ポイントは、頭の中に浮かんだものをとりあえず答えること。
もしも、あなたの勘が当たっていれば、そこでサスペンス劇場は一気に解決です。仮に外れても、再度質問して、隠されたキーワードを一つひとつ引き出していけばいいのです。「５Ｗ１Ｈ」のどれかが欠けてしまっていて、何が言いたいのかわからない会話も、このように質問することで解決します。

聴き方実践編その1　「おしゃべりオバサン型」への対処法

私が多くの人から聞いたことをまとめると、苦手と感じる人の話し方には、いくつかの共通点があります。

その中で、本人の自覚症状がもっとも薄いタイプが、「おしゃべりオバサン型」です。

こんな会話を聞いたことはありませんか。

Aさん「今月も我が家の家計は苦しいわぁ」

Bさん「そうそう、本当にどこの家も大変よねぇ。ところで聞いた？　Cさんの奥さん、宝くじが当たったらしいのよ。いいわよねぇ。でも元々Cさんの家は、旦那さん弁護士さんだからお金に困ってないのに、なんであそこの家が宝くじ当たるのかしらねぇ。あの新しいベンツはきっと宝くじで買ったのよ」

Aさん「……」

おしゃべりオバサン型の会話パターンには、次の3つの特徴があります。

①最初だけ相手の話に共感する
「そうそう」「あぁ、知ってる」「うん、聞いたことがある」など
②その場にいない人の悪口・陰口を話す
③終わってみると、おしゃべりオバサン型の人だけが話をしている

おしゃべりオバサン型の人と話をしたあなたは、こんな印象を受けたのではないでしょうか？

①最初だけ共感する
「そうそう、と言っているけれど、本当に共感しているのかしら？」と疑問に思う。

②その場にいない人の悪口・陰口を話す
なんだかとても気分が悪く、「私も同じように陰で悪口を言われているのではないか？」と不安に感じる。

③終わってみると、おしゃべりオバサン型の人だけが話をしている

この人は、一人でしゃべっているだけで、私の話を聴いてくれないので、二度と話をしたくないと感じる。

おしゃべりオバサン型に出会ったら、あなたは、どのように話を聴けばいいのでしょうか？

もしも相手がおしゃべりオバサン型だったら、その時は、ココリコ遠藤式で、「聴いているふり」をしてしまいましょう。ココリコ遠藤式で、聴いているふりをすれば、あなたも嫌な気分にならずにすみます。

もちろん、おしゃべりオバサン型の人からは、あなたが話を聴いているように見えますので、好印象も持ってもらえますよ。

ココリコ遠藤式で、聴いているふりをすると、こんな会話になります。

Aさん「今月も我が家の家計は苦しいわぁ」
Bさん「そうそう、本当にどこの家も大変よねぇ」
Aさん「**ですよねぇ**」
Bさん「ところで聞いた？　Cさんの奥さん、宝くじが当たったらしいのよ」

Aさん「**ですよねぇ**」
Bさん「いいわよねぇ。でも元々Cさんの家は、旦那さん弁護士さんだからお金に困ってないのに、なんであそこの家が宝くじ当たるのかしらねぇ」
Aさん「**ですよねぇ**」
Bさん「あの新しいベンツはきっと宝くじで買ったのよ」
Aさん「**本当ですか？**」
Bさん「本当よ！　だってねぇ……」

聴き方実践編その2　「お気楽おとぼけ型」への対処法

苦手と感じる話し方で、おしゃべりおばさん型と同様に多いのが「お気楽おとぼけ型」です。

それはたとえば、このような聴き方です。

彼女「最近、○○で困ってるんだよねぇ」
彼氏「まぁ、そんな時もあるんじゃないの?」
彼女「そ、そうかしら(全然本気で話を聴いてくれないのね)」

部下「最近、家庭がうまくいっていなくて……」
上司「とりあえず、ビールでもパーっと飲んで、忘れちゃおうよ」
部下「は、はぁ(コイツに相談したのが間違いだ)」

こうした対応は、一見するとプラス思考に思えるものの、内容が空疎で、たんなる気休めにすぎないので、あなたは不快感を持つことがあるのではないでしょうか?

ニヤニヤして、まじめに聴いているように見えなければ、なおさらですよね。

お気楽おとぼけ型は、話の本筋から外れた答えを返すのが特徴です。「この人に何を話しても、まじめに返答してくれない」という印象を持つでしょう。

ですから、会話も自然と続かなくなり、あなたはお気楽おとぼけ型の人を、苦手と思うようになります。

そこで、お気楽おとぼけ型の人には、「**本当に**」+「**オウム返し**」で相手に質問を返しましょう。「オウム返し」とはその名の通り、相手が投げてきた言葉をオウムのように、「そのまま」返すことです。「本当に」＋「オウム返し」を使うと、先ほどの会話はこう変わります。

彼女「最近、○○で困ってるんだよねぇ」
彼氏「まぁ、そんな時もあるんじゃないの？」
彼女「**本当に、そんな時もあるのかしら？**」
彼氏「うーん、たとえばさぁ、今朝の占いでは……」

部下「最近、家庭がうまくいっていなくて……」
上司「とりあえず、ビールでもパーっと飲んで、忘れちゃおうよ」
部下「**本当に、とりあえず、ビールでもパーっと飲んで、忘れられるんですか？**」
上司「えっ?!　うーん、気分をリフレッシュするということはね、とても重要でさぁ……」

いかがでしょうか？

「本当に」を加えて質問されると、人はあいまいな返答ができなくなります。これで、会話が自然と続くようになりますね。

聴き方実践編その3　「知ったかぶり型」への対処法

上司や先輩・年上の人が、部下や後輩・年下の人に対して使ってしまいがちなのが、「知ったかぶり型」です。それはたとえば、こんな話し方です。

部下「部長、A社に出す見積もりについて……」
上司「あぁ、それさぁ、何度も言うけど、早く先方に出さないとダメだよ」
部下「(はぁ？　先週出しているよ！)ええ、見積もりはすでに……」
上司「はいはい、わかったよ、出したけど先方から値引き交渉されているんでしょ？」
部下「(何だよ、人の話は最後まで聞けよな)値引きではなく、納期の……」
上司「納期なんかさぁ、仕入れ先に言って調整すればいいんだよ」

部下「は、はぁ……（そんなの知ってるよ！　調整できなかったから相談してるのに）」

知ったかぶり型のもっとも特徴的な点は次の3つです。

①相手の話を最後まで聴かない
②自分の考えを一方的に言う
②相手が知らない・間違っていると決めつけて「教えてやる」という態度で話す

「知ったかぶり型」で話をされると、「見下された」「言葉で攻撃された」と感じるものです。また、「知ったかぶり型」の人が話を遮って指摘した内容は、今からあなたが話そうとしていることかもしれません。するとあなたは「そんなこと指摘されなくてもわかっているよ、知っているよ」と思ってしまいますよね。

では、知ったかぶり型の人に出会ってしまったら、どのようにすればいいのでしょうか？
知ったかぶり型の人は、話を最後まで聞かずに、途中で遮ってしまう傾向があることは、すでにお話ししました。
そこで、途中で遮られてもいいように、途中までしか話をしないようにしましょう。

ここでは、あいうえお相づち法を使ってみた場合の会話例を示します。

部下「部長、A社に出す見積もりについて……」

上司「あぁ、それさぁ、何度も言うけど、早く先方に出さないとダメだよ」

部下「**あ、なるほど、ところで……（途中までしか話をしない）**」

上司「何？　早く言ってくれよ」

部下「**納期が上手く調整……（途中までしか話をしない）**」

上司「仕入れ先と納期の調整はできなかったの？」

部下「**仕入れ先との調整はできなくて……（途中までしか話をしない）**」

上司「だったら、販売先と交渉するしかないだろう。あそこの社長は昔からの知り合いだから交渉できるかもしれないな」

部下「**うーん、さすがですね、部長……**」

このように、「知ったかぶり型」の人には、話を途中までしかしないようにしましょう。会話の中に、あいうえお相づち法を入れておくと、スムーズに会話ができますよ。

5章

苦手な人の心をつかむ！ 話し方

劇的に会話が変わるテクニック3

苦手な人に話が伝わっているかどうか不安ではないですか？

3章、4章では、話し方が劇的に変わるテクニックのひとつとして「聴き方」をご説明しました。

「聴き方」とは、相手が投げたボールをどのように受け止めて、どのように返すかの対処法でしたね。この方法を上手に使えば、相手は自然とあなたに好感を持つようになります。

しかし、いつも相手があなたにボールを投げて（話しかけて）くるとは限りませんよね。時には、言葉のキャッチボールで、最初にあなたから投げる場合もあるでしょう。

ただし、あなたが最初にボールを投げる相手は、ほかでもない〝苦手なあの人〟です。苦手な人に投げたボールを受け取ってもらえるか、あなたとしては非常に不安ですよね。

おそらく、あなたの投げたボールを受け取ってもらえなかった（つまりあなたの話を理解してくれなかった）ことがこれまでにも何度かあったのではないでしょうか？

実は、それには理由があります。

それは、「人それぞれ価値観が違う」からです。

「価値観？　なんだそりゃ？」「価値観なんて大げさだ」という声が聞こえてきそうですね。

しかし、ここでいう価値観とは、それほどむずかしいことではありません。ものの考え方や習慣といってもよいでしょう。

たとえば、妻の実家と私の実家では、省エネルギーに関する価値観（考え方、習慣）が違います。テレビの電源を切る時に、妻の実家ではテレビ本体の電源から切りますが、私の実家では、寝たままリモコンの「ＯＦＦ」のスイッチを押すだけです。妻の実家で私がテレビをリモコンで消す度に「テレビの電源を切る時は、テレビ本体の電源から切りなさい」と注意されるのですが、こんな些細なことでも多少腹がたつものです。

あなたはトイレから出てくるとき、便器のふたを閉めますか？　それとも開けっぱなしですか？　こんな小さなことで、恋人と喧嘩になる人もいるのです。

このように、人はほんのちょっとした価値観（考え方、習慣）の違いによって、「どうも、あの人は苦手だな」と感じるものです。もしこれが、次のような大きな価値観の違いであったら、もっと大きなすれ違いを感じることでしょう。

・年齢や世代によるジェネレーションギャップ
・国や地域による価値観のギャップ
・風習の違い（お祭りやお葬式の風習は、隣町でも違っていたりします）
・家庭環境の違い（家族や兄弟の人数が違うと、考え方も変わってきます）
・頭の良し悪しの判断基準（何をもって頭がいいと考えるかは、人によって異なります）
・他人への接し方（態度が親切な人もいれば、困っている人がいても見て見ぬふりをする人もいます）
・趣味の違い（音楽やファッション等、趣味の価値観は多様です）
・食べ物（好きな食べ物、嫌いな食べ物は人によってまちまちです）
・環境問題への関心度（地球温暖化防止や環境汚染に関心をもつ人は、環境問題に無関心な人を嫌います）
・宗教の違い（宗教の違いは戦争すら引き起こすことがあります）
・金銭感覚の違い（金銭感覚の違いは大きな摩擦を生みます）
・仕事への取り組み方の違い（一所懸命働く人となまけている人では、考え方も違ってきます）

右に挙げた例は、ほんの一部です。

これらの価値観が、人の考え方や行動のベースになるのです。ということは、価値観の数だけギャップが生まれると言っても過言ではありません。こんな状態に置かれた私たちにとって、苦手な人がいるのはごく当り前のことなのです。

人は「似て非なるもの」の集団です。形は似ているけれど、まったく別の考え方をする動物なのです。

あなたは何を想像しますか？

ボールを投げるあなたとボールを受け取る相手の価値観や立場、所属する業界が違うと、言葉のキャッチボールが成立しません。そんな例を紹介します。

たとえば、あなたは、「ＰＣ」という言葉から何を想像しますか？　３章でも少し触れましたが、実は「ＰＣ」という言葉には、次のようにさまざまな意味があります。

Personal Computer：パーソナルコンピュータ
Prepaid Card：プリペイドカード
Poly Carbonate：ポリカーボネイト樹脂
Port Clearance：出港証明書
Pacific Community：太平洋共同体
Profit Center：プロフィットセンター（営業部など利益に責任のある組織）

いかがですか？「ＰＣ」という言葉をひとつとっても、これだけ違う意味があることに驚かれた方も多いのではないでしょうか。
ちなみに、価値観や立場・業界が違う人同士が「ＰＣ」という言葉を使うと、こんな会話になってしまいます。

コンピュータ業界の人「今度、新しいＰＣ（パーソナルコンピュータ）が発売されましたよね」

材料・樹脂業界の人「えぇっ⁉　新しいＰＣ（ポリカーボネイト樹脂）が発売になるのですか？」

コンピュータ業界の人「そうですよ（そんなに驚くことかなぁ？）、ＴＶで木村拓哉がＣＭやってますよね」

貿易業界の人「本当ですか⁉　ＰＣ（出港証明書）のＣＭを木村拓哉がやるのですか？」

コンピュータ業界の人「木村拓哉がでているＰＣ（パーソナルコンピュータ）のＣＭは、随分前からやっているけどなぁ。知りませんか？」

材料・樹脂業界の人「し、知りませんでした。参考までに新しいＰＣ（ポリカーボネイト樹脂）の硬さはどの程度なのですか？」

コンピュータ業界の人「はぁ、硬さですか？　ＰＣ（パーソナルコンピュータ）の硬さは普通だと思うのですが……」

貿易業界の人「えっ！　新しいＰＣ（出港証明書）は、普通の硬さなのですか⁉」

材料・樹脂業界の人「何を言ってるんですか！　ＰＣ（ポリカーボネイト樹脂）は、硬いに決まっているじゃないですか！」

全員「……（ダメだ、コイツ何もわかってないなぁ）」

いかがでしょうか？

「ＰＣ」というたったひとつの言葉について話しただけでも、価値観や立場・業界が違う人と、ここまで話が食い違ってしまうのです。

受け取る相手の価値観や立場・業界を考えずにボールを投げてしまうと、言葉のキャッチボールが成立しなくなってしまいます。

しかし、あなたと相手の価値観が違うことを忘れず、相手の受け取りやすいボールを投げれば（専門用語や略語に注意すれば）、言葉のキャッチボールは自然と成立するようになります。

「聴いているフリ」を見つけるには？

先ほどは、受け取る相手の価値観や立場・業界を考えずにボールを投げてしまうと、言葉のキャッチボールが成立しなくなってしまうというお話をしました。

すると、「自分の話は相手にちゃんと伝わっているのかなぁ」と、不安になるかもしれませんね。でも、ご安心ください。

実は、あなたの話が相手に伝わっているかどうかをチェックする簡単な方法があります。

あなたの話が相手に伝わっているかどうか、つまり本当に聴いているのか、それとも聴いているフリをしているのかをチェックするには、次の３つのポイントがあります。

①相づちを打っているか？
②反応が得られるか？
③質問に答えられるか？

それぞれ詳しくご説明しましょう。

①相づちを打っているか？

これは、言葉のキャッチボールの「受け取る」ステップに当たります。あなたの話に対して、相手が相づちを打っているかどうかをチェックしましょう。

しかし、話を聴いていないのに、ただ相づちを打つだけの人もいますので、②と③のステップでさらにチェックをします。

②反応が得られるか?

相づちを打っている人が、本当に話を聴いているのか、話を聴いているフリをしているのかを簡単にチェックする方法、それは――

わざと親父ギャグを言うこと

です。

しかもなるべく〝寒い〟親父ギャグ――たとえばこんなギャグが、相手の反応を得るには非常に有効です。

採用しなさいよう
内容はないよぉ～
予想するのはよそう
OK牧場!

これらはあまりに寒いギャグのために、本当に話を聴いている人の表情は凍りつきます。

しかし、「話を聴いているフリ」の人は、相変わらず「うんうん」と相づちを打ってしまいうわけです。

うのです。「うんうん」と相づちを打った人は、あなたの罠にまんまと引っ掛かった、と

③質問に答えられるか？

「私は親父ギャグなんて恥ずかしくて言えないよ」と思った方は、こうしてみてください。あなたが話していることに関する質問を、わざと相手に投げかけるのです。ただ、あなたが質問しても、相手は「答えが間違っていたらどうしよう、恥ずかしいなぁ」と思って、黙ったまま答えてくれない可能性もあります。

そこで話の途中に「突然ですが、ここで問題です」と、簡単なクイズを行なうのです。簡単なクイズを行なって、本当に話を聴いているのか、話を聴いているフリをしているだけなのかをチェックしましょう。

「突然ですが、ここで問題です」と切り出すと、聴いているフリをしている人は、我に返って質問に耳を傾けようとします。ここがポイントです。

ちなみに、チェックのための簡単なクイズは、こんな感じでよいのです。

部下「昨日のことなのですが、A社の営業担当に見積を提出した時にですね……」

上司「……うん……」
部下「その際に、先方から、納期をあと10日縮められないかと要望がありました」
上司「……うん……」
部下「(あ、私の話を全然聴いてないな！）部長！　突然ですが、ここで問題です！」
上司「んっ、な、何だ、突然？」
部下「A社の営業マンは、私に何を要望してきたでしょうか？　①納期、②価格、③返品、チッチッチッチッチッチッチ……」
上司「(うっ、全然頭が回らない。どうしよう……今さら話を聞いていないとは言えないし……えーっとぉ……」
部下「(あ、頭の切り替えに時間がかかっているな）チッチッチッチッチッチッチ……」

価値観や立場・業界が違う人と話をするときに、あなたは話が相手に伝わっているのか不安に思うかもしれません。
しかし、上の3つ（もしくは2つ）のチェックを行なうことで、本当に聴いているのか、聴いているフリをしているだけなのかを識別できるのです。

このチェックポイントさえ押さえておけば、あなたは価値観や立場・業界の違う人とでも安心して話せるようになります。

出だしは「三波春夫でございます」

先にお伝えしたように、言葉のキャッチボールで相手が受け取りやすいボールを投げるためには、相手の価値観や立場・業界の違いを意識することが必要です。

それだけでも十分ですが、さらに相手がボールを受け取りやすくするために、とっておきの道具を用意しました。

その道具とは「**ツカミ**」です。

お笑いコンビの麒麟《きりん》は、舞台に登場したときに川島さん（向かって右側）が超低音ボイスで「麒麟です」と言ってお客さんを驚かせます。

また、レッツゴー三匹は、舞台に登場した時に左右の2人が「じゅんでーす」「長作でーす」と言った後、真ん中のレッツゴー正児さんが「三波春夫でございます」と言ってお客さんの笑いを誘います。

このように、出てきて最初に発する言葉が「ツカミ」です。

「なんだよぉ、私にお笑いをやれっていうことなの？」と疑問に思った方がいらっしゃると思いますので、もう少し説明させてもらいますね。

まず「ツカミ」の効果は何かを考えてみましょう。芸人の「ツカミ」には、
・お客さんが、舞台上のお笑い芸人に注目する
・お客さんが、「この芸人さんは面白そうだ」と興味を示す
という効果が考えられます。

お客さんが、セットや司会者に見とれてしまったり、隣に座っている友人との会話に夢中になっていたら、誰も笑ってくれませんよね。そうならないために、お笑い芸人は、ツカミでお客さんの注意を自分に向けさせる必要があるのです。

つまり、芸人にとってのツカミとは「お客さんに笑ってもらう準備をする」ステップなのです。

あなたが相手に何かを伝える場合も、同様に「準備」のステップがあると効果的です。

あなたが話しかけようとしても、相手が他のことに気を取られていたら、話を聴いてくれません。

話を聴く準備ができていない相手に一所懸命に話しかけても、あなたの話が伝わるとは、とても思えませんよね。

相手があなたの話を聴く準備をするステップ、それが「ツカミ」なのです。

「でも、人と話をする時に、いきなりギャグやジョークを言うなんて私にはできないよ」と思われた方、どうぞご安心ください。ツカミの意味を簡単に理解していただくために、お笑い芸人さんを例に出しただけです。

実際には、
・相手が、あなたに注目する
・相手が、「この人の話は面白そうだ」と興味を示す
という効果が得られればいいのです。

「ツカミ」は相手の○○によって使い分けろ！

ツカミの使い方を考える前に、ちょっと復習してみましょう。先に説明した、ボールを

使ったキャッチボールを想像してみましょう。

あなたがボールを投げようとしたときに、相手が読書をしていたらどうしますか？

「おーい、今からボールを投げるよー」と声をかけるのではないでしょうか。

同様に言葉のキャッチボールでも、あなたの話を相手に正しく伝えるためには、相手の人に「話を聴くための準備」をしてもらう必要があります。

そのためには、「ツカミ」を使って、まず相手があなたに注目するように仕向けなければならないのです。

「わかった！　相手の価値観や業界に関することを話して注目させればいいんだ！」と思った方も多いかと思いますが、ここで問題が発生します。

まったくの初対面だった場合に、相手を見ただけでは、相手の価値観や所属する業界などがわからないのです。

シャーロックホームズなどの名探偵なら、見ただけでわかるのかもしれませんが、多くの人は、相手を見ただけでは、相手の価値観や業界などわかりませんよね。

でも、ご安心ください。

相手の価値観や所属する業界などがわからなくてもいいのです。なぜなら、ツカミは相手の価値観や業界などとまったく違う要素で決まるからです。

ツカミを決定する要素、それは、

「**相手が、男性なのか女性なのか**」

です。

これならば、相手が誰であろうと簡単に判別することができますよね。ツカミの内容（相手を注目させる内容）は、相手が男性か女性かで変えていきます。

「でもさぁ、相手を注目させる内容って、男性と女性で違いがあるのかなぁ」と思われたあなたのために、まずは男性と女性の会話の違いをはっきりさせておきましょう。

これから示すのは、私と男女のカップルの会話です。

このカップルは、昨日ディズニーランドに行ってきました。そこで私は、昨日のディズニーランドの感想について、男女別々に聴いてみることにしました。

私が男性・女性それぞれにした質問は、たったひとつ「昨日、ディズニーランドに行ったんだってねぇ」だけです。

まずは、私と男性の会話です。

私「昨日、ディズニーランドに行ったんだってねぇ」
男性「あぁ、そうなんスよ、混んでましたよぉ、ディズニーランド。朝、開園1時間前なのに入園口にすでに行例ッスよ。開園したら、まずプーさんのアトラクションに乗ろうとしたんですけど、また行列でしょ。お昼ご飯を食べるのにもレジで並んで、お土産買うのにもまた行列ッスよ。帰りは高速道路が渋滞ッスからねぇ。朝から晩までずっと並んでましたよ」

続いて私と女性の会話です。

私「昨日、ディズニーランドに行ったんだってねぇ」
女性「そうなのよ、見て！　これ！　プーさんのストラップ、買っちゃった！　可愛くない？　あたしさぁ、このプーさんストラップが欲しくて、お土産屋さんのレジに並んでたの。そうしたらね、目の前に並んでる人がポップコーン持ってたのね。もう気になっちゃってさぁ。それが期間限定のスペシャルポップコーンなのよ。あたしさぁ、ダイエット中だから、ポップコーンとか食べるの我慢してたのね。だって夏までにやせないと、先週買った水着を沖縄旅行で着られないのよ。あ、沖縄に行くって話してなかったっけ？」


さて、いかがでしょうか？

男性と女性に同じ質問をしたのに、返ってきた答えはまったく違っていますね。これは一体どういうことなのでしょうか？

実は、男性と女性では、会話の組み立て方がまったく違います。そのため、同じ質問をしても、今見たように、まったく別の答えが返ってくるのです。

実は男性と女性は、それぞれ、ある決まったパターンに則って会話を組み立てています。

そのパターンの特徴は、

①一度の会話に盛り込むことができるテーマの数
②話の順番
③興味を引くキーワード

です。

これを表にまとめると、次ページのようになります。

男性と女性では、会話の組み立て方がまったく違います。そのため、ツカミの内容、つ

	男　性	女　性
①一度の話に盛り込むことができるテーマ	ひとつのテーマ	複数のテーマ
②話の順番	時系列に並べる	時間に関係ない
③興味を引くキーワード	食べ物 （安くて満腹・牛丼・カレーなど） スポーツ （野球・サッカー・格闘技など） 機械 （自動車・バイク・電車・パソコン・ガンダムなど） ギャンブル （競馬・競輪・競艇・パチンコなど）	食べ物 （安くて美味しい・スイーツなど） 美容 （ダイエット・美白・小顔・髪型など） ファッション （洋服・コスメ・宝石・指輪・ピアスなど） 買い物 （バーゲン・期間限定品など） 旅行 （国内・海外）

まり相手を注目させる内容は、相手が男性か女性かで変える必要があるのです。

次に、ツカミのつくり方とキーワードの見つけ方を説明しましょう。

男性用のツカミには、見えそうで見えない「アレ」を使う

ツカミのつくり方とキーワードの見つけ方を説明しましょう。

男性用のツカミを作成する時に重要なのは、興味を引くキーワードです。

「男性が興味を示すキーワードって、野球とか自動車とか専門的な用語が多く出てきそうでむずかしそうね」と多くの女性のため息が聞こえてきそうです。

しかし、相手の男性が興味を示すキーワードは、とても簡単に探すことができます。

それは、ズバリ……「**今朝のスポーツ新聞の見出し**」です。

駅で売られている時に、見えそうで見えない、赤や黄色の大きな文字で書かれている「スポーツ新聞の見出し」こそ、多くの男性が興味を示すキーワードなのです。

「でもさぁ、見出しだけ読んでも、記事を読まないとツカミにならないんじゃないの？」

そんなふうに思われるかもしれませんが、実はツカミをつくるには見出しがわかれば十分なのです。

早速、スポーツ新聞の見出しを使って、男性用のツカミを作ってみましょう。スポーツ新聞の見出しは、多くの場合「誰がどうした」で構成されています。

そこで、スポーツ新聞の見出しが、「○○が△△」の時、ツカミはこうします。

「○○は△△だそうですが、本当に△△だったのですか？」

たとえば、ある日のスポーツ新聞の見出しが、「星野ジャパン　快勝」と書かれていたとしましょう。その日の男性用ツカミは、次のようになります。

女性「**星野ジャパンは快勝したそうですが、本当に快勝だったのですか？**」
男性「うーん、どうでしょう。快勝と言うほどの勝ち方ではないですね」
女性「ピッチャーは誰だったんですか？」
男性「先発は、☆☆チームの□□選手ですよ。彼のピッチングはなかなかでしたね」
女性「(誰だか知らないけど、まぁいいや）うーん、なるほど。次のピッチャーは誰ですか？」

男性「中継ぎは、■■チームの◎◎選手。彼のカーブはすごいですね」
女性「なるほど、とても勉強になりました。ありがとうございます。ところで、今日はですね……」

スポーツ新聞の見出しは、駅の売店で見たり、電車の中で他の人が読んでいる紙面をチラッと見て覚える程度で結構です。

しかし残念ながら、スポーツ新聞の見出しには、女性用のツカミをつくるための材料は含まれていません。では、女性用のツカミは、何を材料にすればよいのでしょうか？

女性用のツカミは「も」がポイント

女性が興味を示すキーワードも、男性同様、とても簡単に探すことができます。しかも、女性が興味を示すキーワードの情報は、無料で簡単に手に入るのです。

その情報源とは……**「フリーペーパー」**です。

「フリーペーパーって、駅や書店に置いてある無料の冊子でしょ？　あんなのにキーワードなんか書いてあるの？」とあなたは疑問に思うかもしれません。

実は、ツカミのキーワードを作成するために見るのは「目次」だけです。目次を見ると、そこには女性が興味を示すキーワードのオンパレードです。

たとえば、グルメ・ヘアメイク・ネイル・アイメイク・リラクゼーション・エステティックなどです。

フリーペーパーは広告ですから、とにかく自分のお店のページを見てもらわなくては意味がありませんよね。ですから、自分のお店が掲載されているページに誘導するために、目次は女性の興味を引くキーワードで盛りだくさんになっています。

そこで、フリーペーパーの目次から、女性の〝外見〟に関するキーワードを2～3個でいいので頭に入れておきましょう。

話をする相手の女性を目の前にした時に、その女性をフリーペーパーのキーワードと照らし合わせ、ツカミにします。

まず「**あ、その○○もカワイイですね**」で会話をスタートさせます。

ポイントは、「○○も」の「も」です。

これを実際に使うと、次のような会話になります。

男性「**あ、そのネイルもカワイイですね**」
女性「えっそうですかぁ？　昨日ネイルサロンに行ってきたばかりなんですよぉ」
男性「そのネイルは、色々な種類があるのですか？」
女性「そうですねぇ、私の行っているネイルサロンではぁ、結構色々な種類があるので毎回選ぶのが大変なんですよぉ。前回行った時はぁ、ブルーを基調にしていたんですよぉ」
男性「そのネイルは、期間限定ですか？」
女性「期間限定ではないですけどぉ、今の季節に合った色かなぁとは思うんですよねぇ」
男性「なるほど、とても勉強になりました。ありがとうございます。ところで、今日はですね……」

これまで見てきたように、ツカミは、相手が男性なのか女性なのかで変えると、効果的に相手の注目を集めることができます。
ただし、ツカミはあくまで相手にあなたの話を聞かせる準備のために用いるものです。ツカミに使った内容でずっと話し続けるのではなく、相手が話を聞く準備ができた段階で、あなたが本来伝えたかった話題に入りましょう。

6章

苦手な人を動かす！話し方

劇的に会話が変わるテクニック4

よほどの勘違いをしない限りは「コレ！」
――人を動かす3択提案法

相手の受け取りやすいボールを投げれば、言葉のキャッチボールは自然と成立するとすでにお話ししました。

そうは言っても、あなたが意見や提案など、何かを伝えようとすると、それを頭ごなしに批判する人もいます。意見や提案まで相手が受け取りやすい形に変える訳にはいきませんよね。すると、こうなってしまいます。

部下「部長、先日の稟議書の文章ですが、内容をチェックしていただけますか？」
上司「はぁ～、そんなのさぁ、自分で考えてみてよ！　この仕事何年やっているの？」
部下「ハイ、私は○○するのがよいと思うんですが……」
上司「チッ（舌打ち）、最初から私がやればよかったなぁ」
部下「は、はぁ（何だよ、じゃあ次から自分でやれよな！）」

上司「この文章では意味が通じないよなぁ」
部下「えっ?!　どの部分ですか？」
上司「この〝期初予算に折込み済みです〟は、〝期初の予算に折り込んである通りです〟に変えたほうがいいな、うん」
部下「でも、全然文章の意味は変わっていませんけど……」
上司「チッ、君は何もわかっていないなぁ、大体稟議書というものはねぇ……」

あなたの周りにも、こんな具合にとにかく相手を批判しないと気がすまない人がいませんか？

このような人を「何でもかんでも批判型」と呼ぶことにしましょう。

何でもかんでも批判型の人には、こんな特徴があります。

- **「はぁ～」とため息をついたり、「チッ」と舌打ちをする**
- **「しかし」「でも」など、否定的な言葉を多く使う**
- **「最初から私がやればよかったな」「オレがやらないと駄目だなぁ」「この仕事何年やってるの？」と相手を責めて自分を持ち上げる**

こんな何でもかんでも批判型の人に、あなたが正論をもって反論してもまったく受け入れてもらえません。逆に、くどくどと説教が始まってしまうので注意が必要です。

なぜ、何でもかんでも批判型の人は、このような態度に出てしまうのでしょうか？

先の会話では、部下の提案は間違っていません。また、上司も部下の案が優れていることに気づいています。

しかし、部下の提案がよいと認めてしまうと、上司の手柄になりません。ですから、部下の意見をそのまま受け入れる訳にはいかないのです。

かといって代替案があるわけではないので、その場で突然つくった「謎の返答」をするのです。

そんなときは、あなたの意見や提案を受け入れさせるために、「3択提案法」を使ってみましょう。「3択提案法」とは、その名の通り「AとBとC」の3つの選択肢を相手に提案する方法です。

具体的には、こんな具合に質問を投げかけます。

「AとBとCの3つが考えられるかと思いますが、いかがなされますか？」

ここで、ちょっとしたコツがあります。それは、3つの案のうち、最初の2つは「こりゃ、全然ダメだな」という案にしておき、残りのひとつを「誰が考えても、まぁこの答えが妥当だろうなぁ」という案にしておくことです。

3択提案をする際、何でもかんでも批判型の人が批判をしやすいよう、わざと最初にダメな案2つをつくっておくわけです。そして、その2つを好きなだけ批判をさせてあげます。要するに、3択の中に見つけやす〜い「罠」を仕掛けておくのです。

3択提案法は、見た目は3択式になっていますが、答えは最初からひとつです。相手がよほどの勘違いをしない限り、その案を選ぶはずです。

そして、その案を選んだ相手は、3つの選択肢から「私が選んだ」「私が決めた」と思います。これは、相手が勝手にそう思っているだけで、実際にはあなたの提案を受け入れたことになります。

3択提案法を使うと、先ほどの会話は、次のように変わります。

部下「部長、先日の稟議書の文章ですが、内容をチェックしていただけますか？」
上司「はぁ〜、そんなのさぁ、自分で考えてみてよ！　この仕事何年やっているの？」
部下「ハイ、私は①期初に作成した予算に折り込んいる予算です、②期初に作成した期初予算に折込み済みです、③期初予算に折込み済みです、の3つが考えられるかと思いますが、いかがでしょうか？」
上司「1番目と2番目の文章は変だよなぁ。意味も通じないし」
部下「あ、なるほど」
上司「まぁ強いて言えば、3番目の〝期初予算に折込み済みです〟だろうな、うん」
部下「うーーん、さすがですね」
上司「まぁな、じゃあ、稟議書に印鑑押しておくから社長に回しておいてよ」
部下「ハイ！　ありがとうございます」

どうですか？　3択提案法を使えば、何でもかんでも批判型の人にも、あなたの伝えたいこと（意見・提案）を受け入れさせることができるでしょう。
あなたが選んでほしい案を選んでもらったら、あいうえお相づち法の「うーーん、さすがですね」を忘れないようにしてくださいね。

マークシート受験世代が得意なこととは？

自分で決められない人にも、３択提案法を用いれば、あなたの考えを上手に伝えることができます。

後輩「あのぉ、先輩、今日のランチはどこに食べに行きましょうかねぇ？」
先輩「うーん、別に……」
後輩「何か食べたい物はないですか？」
先輩「うーん、特に……」
後輩「あのぉ、先輩、どうしますか？（なんだよ、食べたい物はあるの？　ないの？食べに行くの？　行かないの？　どっち？　ハッキリしてくれよなぁ……）」
先輩「うーん、そう言われてもなぁ……」

このように自分の考えをハッキリと言えない人に対して、イライラした経験がある人は多いのではないでしょうか。私の経験では、自分の考えをハッキリと言えない人は、昭和40年代以降に生まれた人に多く見受けられます。

なぜ、昭和40年代以降に生まれた人に多いのかというと、それには日本の受験制度が関係しています。実は、自分の考えをハッキリと言えない人の多くは、受験にマークシートが用いられた世代なのです。

この人達を「マークシート受験世代」と呼ぶことにしましょう。

私たちが受けた共通一次試験（昭和54年～平成元年）も含め、現在の大学入試センター試験（平成元年～現在）では、マークシート式の解答用紙が用いられています。

これにより、多くのマークシート受験世代には、次のような思考パターンが染みついています。

①問題を読む
②回答欄の中から正しそうな答えを探す
③回答欄の中から間違いを消していく
④正解をマークする

マークシート受験世代は、選択肢の中から答えを探すのは得意中の得意です。しかし、選択することに慣れてしまったため、自分で新しい答えを考え出すことはとても苦手です。これは、マークシート受験世代の人のせいではなく、日本の受験制度そのものが原因なのです。

もちろん、あなたの聴き方が悪い訳ではありません。あなたがイライラしたりする必要はありませんので、どうかご安心ください。

マークシート受験世代にも三択提案法を用いましょう。しかし、何でもかんでも批判型の人とは、三択の順番が違いますので、注意してください。

なぜ何でもかんでも批判型の人と順番を変えるのかというと、それはマークシート受験世代の思考パターンが関係しています。マークシート受験世代の思考パターンは、先に示した通り

①問題を読む
②回答欄の中から正しそうな答えを探す
③回答欄の中から間違いを消していく
④正解をマークする

です。

そして、マークシート受験世代の人は、無意識の内に「ひとつの」正解を探しています。

このような思考パターンの人に、何でもかんでも批判型の人と同じ順番で提案するとどうなるでしょうか？

A：「こりゃ、全然ダメだな」という提案

B：「こりゃ、全然ダメだな」という提案

C：「誰が考えても、まぁこの答えが妥当だろうなぁ」という提案

「あぁ、Aは絶対間違いだな、むむ、次のBも間違いだなぁ、そうすると消去法でCっぽいけど、何だか不安だなぁ、もう一度最初から考え直してみよう」と不安になってしまうのです。そこで、3択の順番を次のようにします。

a：「誰が考えても、まぁこの答えが妥当だろうなぁ」という提案

b：「こりゃ、全然ダメだな」という提案

c：「こりゃ、全然ダメだな」という提案

すると、相手はこう考えます。

「あぁ、正解はaだな。でも、一応bとcも見ておこう。えーとbは、やっぱり間違いだ。cは、うん、間違いだな。正解はaだ！」

このように自信を持って答えられるので、迷っていて煮え切らない人に安心感を与えます。

先ほどの会話で3択提案法を用いると、次のようになります。

後輩「あのぉ、先輩、今日のランチはどこに食べに行きましょうかねぇ？」
先輩「うーん、別に何も考えてないよ」
後輩「そうですよね、午前中は忙しかったッスからねぇ。あ、そうそう、昨日テレビで
〝肉も野菜も食べ放題、期間限定・超激安ランチ〟
〝ミシュラン5つ星シェフがつくる、1万円ポッキリ、超高級フレンチランチコース〟
〝行列2時間当たり前・プレミアドーナツ新発売〟
の3つを特集していたんですけど、どれか気になるものはありますか？」
先輩「うーん……2番目と3番目はちょっと……やだ……」

後輩「あぁ、なるほど」

先輩「まぁ強いて言えば、1番目の〝肉も野菜も食べ放題、期間限定・超激安ランチ〟かなぁ」

後輩「うーーん、さすがですね、私もちょうどそう思っていたんですよ。1番目の〝肉も野菜も食べ放題、期間限定・超激安ランチ〟は

〝事前に予約をして、確実に座る〟

〝予約せずに行って、席が空くまで待つ〟

〝とりあえず、店の前まで行って様子を見てみる〟

の3つの方法があるんですけど、もし行くとしたら、どれがいいですか？」

先輩「うーん……2番目と3番目は、不確実だから、やだ……」

後輩「あぁ、なるほど、もし行くとしたら、時間は次の3つの……」

マークシート受験世代は、自分で新たに答えを考えるのが苦手です。しかしその反面、いくつかの選択肢から正しいと思う答えを選ぶのはとても得意です。

ですから、あなたが質問しても煮え切らない返答しかしない人にも3択提案法を用いれば、あなたからの提案は、相手に安心して受け入れられるでしょう。

あなたの提案が、相手にとって安心できる内容だと理解してもらえれば、相手があなたに対し苦手意識を持つことはなくなると思います。

夏休みのカツオ君は、クイズ形式で動かそう

問題を先送りにして、なかなか実行に移してくれない人にイライラした経験はありませんか？　たとえば、優しく大人しい上司が、強気で少し生意気な部下に、苦手意識を持っているケースです。

上司「あのー、次回の出張の飛行機なのだけれど、予約はしてくれましたか？」
部下「あぁ、大丈夫ッスよ、まだまだ日にちがありますからね。じゃぁ、営業に行ってきます」
上司「本当に大丈夫なのかねぇ」

数日後――
上司「ねぇ、飛行機の予約はしてくれたの？」
部下「あぁ、大丈夫ッスよ、もう少し日にちがありますからね。じゃぁ、行ってきます」
上司「うーん、本当に大丈夫なのかねぇ」

さらに数日後――
部下「しまったー、どうしよう、明日から出張なのに飛行機の予約が取れていない」
上司「だから早く予約してくれと言ったじゃない」
部下「なんでもっと早く言ってくれないんですか!!」
上司「何を言ってるんだ。ちゃんと最初に言ったじゃない。大体ね君は、毎日毎日……」

さていかがでしょう。
この部下のようなタイプは、問題を先送りにして、なかなか実行に移しません。その結果、最後は締め切りに苦しみ、周りを巻き込んで大騒ぎするのです。
このように問題を先送りしてしまうタイプで日本一有名なのは、「サザエさん家のカツオ君」です。サザエさん家のカツオ君といえば、有名なのが夏休みの宿題ですよね。夏休みに毎日毎日、中島君と野球ばかりやって遊んでいたカツオ君。まったく宿題をやっていないのに、気がつくと、夏休み最終日になってしまい、波平やサザエさんに叱られながら、結局、毎年家族総出で宿題をやるというのがオチです。

カツオ君の行動は、問題を先送りにして、すぐに実行しないタイプそのままですよね。

このように問題を先送りにして、なかなか実行に移さない人を、「夏休みのカツオ君型」と呼ぶことにしましょう。

なぜ、「夏休みのカツオ君型」の人は問題を先送りにしてしまうのでしょうか？

それはたとえば、ＴＶで見るカツオ君のように、こんな思考パターンになっているのではないでしょうか。

夏休みの序盤……「まだまだ大丈夫」
夏休みの中盤……「まだ大丈夫」
夏休みの終盤……「まだ何とか間に合うだろう」
夏休み終了３日前……やっと正確な残りの日数を数えて焦るが「何となくやる気が起こらない」

夏休み終了1日前……現状にやっと気づく「このままでは宿題が終わらない！」

夏休みのカツオ君型の人は、自分に与えられている正確な日数や時間を把握する時期が他の人より遅いのではないでしょうか。このタイプに対して、問題を先送りにせず、今すぐ実行に移してもらう時にも3択提案法を使います。

そのとき、ちょっとしたコツがあります。夏休みのカツオ君型の人に対しては、「提案」ではなく「クイズ」形式で3択を出題します。

「夏休みのカツオ君型」の人は、あなたの意思に反して、まったく別のこと（遊んだりさぼったり）に意識が向いています。別のことに意識が向いている人を集中させるには、クイズ形式が一番です。

具体的には、「問題」と言った後に「○○で正しいのはどれでしょう？　次の3つの中から選んでください」と質問します。続いて

A：「こりゃ、絶対に間違いだな」という選択肢
B：「こりゃ、絶対に間違いだな」という選択肢
C：「誰が考えても、まぁこの答えが妥当だろうなぁ」という選択肢

を示します。

通常の3択提案法ならば、ここで相手に答えを求めますが、せっかくクイズ形式にしたのですから、もう少しクイズ番組っぽい演出をしましょう。

3つの選択肢を示したあと、時計の秒針をイメージして

「**チッチッチッチッチッチッチッチ……**」

と言ってみるのです。時計の秒針の音を聞くと、人は焦りを感じます。

私は以前に、「パネルクイズ　アタック25」というクイズ番組の地方一次予選会に出演したことがあります。会場ではラジカセで問題を聞くのですが、問題が読み上げられるたびに聞こえる秒針の音に、とても焦りを感じたことを、今でも鮮明に覚えています。予選会には、50人程度の人が参加していましたが、多くの人が秒針の音に焦りを感じていたと思います。

問題を出された夏休みのカツオ君型の人も、秒針の音に焦り、思わず解答を声に出してしまうはずです。

この、「声に出してしまう」ことがポイントです。

声に出した瞬間に、自分に与えられた正確な日数や時間が頭にインプットされるからです。一度頭にインプットされた数字は、なかなか忘れられないものですよね。

３択提案法（クイズ番組演出バージョン）を用いると、先ほどの会話はこんなふうになります。

上司「あのー、次回の出張の飛行機なのだけれど、予約はしてくれましたか？」
部下「あぁ、大丈夫ッスよ、まだまだ日にちがありますからね。じゃあ、営業に行ってきます」
上司「ハイ、ここで問題です！」
部下「んっ?!」
上司「次回の出張まで何日あるのでしょう？　次の３つの中から選んでください。
　Ａ：３００日、Ｂ：２００日、Ｃ：28日
　チッチッチッチッチッチッチッチ……」
部下「えっ何、急に!?　えーっと28日かな」
上司「ファイナルアンサー？」
部下「ファイナルアンサー！」

上司「ピンポーン、正解だ！　じゃあ行ってらっしゃい」
部下「はい、行ってきます（そっかぁ、28日かぁ、意外と日数ないんだな）」

数日後――
上司「ねぇ、飛行機の予約はしてくれたの？」
部下「あぁ、大丈夫ッス、昨日ネットで予約しておきましたから。今日、事務所にチケットが届くと思いまよ。ギリギリにならなくてよかったッス。ありがとうございました。じゃあ、行ってきます」
上司「こちらこそ、ありがとう」

問題を先送りして、なかなか実行に移せない人は、自分に与えられた正確な日数や時間を把握する時期が他の人より遅いのです。クイズ番組のような演出で、正確な残り日数や時間を頭にインプットしてもらいましょう。
正確な残りの日数や時間が頭にインプットされれば、問題を先送りせず、あなたの望む通り実行に移してくれるようになるでしょう。

やってはいけない「北風型」の伝え方

あなたが相手に正しく自分の考えを伝えているつもりでも、伝え方によっては、相手を不快にさせてしまいます。

その代表的な例が「北風型」の伝え方です。

「北風型」の伝え方をしてしまうと、あなた自身が相手にとって苦手な人になってしまう可能性があります。

あなたは「北風と太陽」という物語をご存じですか？　「北風と太陽」はイソップ童話のひとつで、あらすじは次のとおりです。

ある時、北風と太陽が、旅人の上着をどちらが先に脱がせられるか勝負をしました。北風は、冷たい風をヒューヒューと旅人に吹きつけます。寒さに耐えかねた旅人は、上着を脱ぐどころか、逆に強く上着を体に押さえつけてしまいました。

次に太陽がポカポカと暖かい光で旅人を包み込むと、旅人はあたたくなった身体に汗をかき、思わず上着を脱いでしまったのです。

こうして北風と太陽の勝負は、太陽が勝ちました。

この話の北風のように、相手に冷たい風をヒューヒューと吹きつけるのが「北風型」です。北風型の人は、相手に自分の考えを伝える時に、本領を発揮します。たとえば、3択提案法を北風型の人が用いると、次のようになります。


部下「あのぉ、課長、私の書いたレポート、1週間も前に提出したのですが……。読んでいただけましたか？」

課長「あー、今さぁ、別の仕事を始めたばかりだからさぁ、もう少し待ってよ」

部下「そんなぁ、困ります！　私は課長の後に、部長と専務に提出しなければいけないんですよ！（そうだ、こんな時は、3択提案法を使えばいいのだな）私は、今、

〝今すぐレポートを読んでいただく〟

〝遅くても今日中に、レポートを読んでいただく〟

〝とりあえず先に部長に読んでいただく〟

この3つの案が考えられますが、いかがしますか？」

課長「うーん……どれも今は無理だね……」
部下「えっ、そんなぁ……それでは困りますよ、課長……」

さて、いかがでしょう。北風型の人が3択提案法を用いると、3つとも「北風型の人にだけ都合がいい提案」をしてしまいます。こうした提案は、相手にとっては、どれもヒューヒューと吹きつける冷たい風のようで、とても選択できません。

3択提案法をもう一度思い出してください。

A：「こりゃ、全然ダメだな」という提案
B：「こりゃ、全然ダメだな」という提案
C：「誰が考えても、まぁこの答えが妥当だろうなぁ」という提案

です。ポイントは、Cの選択肢に「誰が考えても、まぁこの答えが妥当だろうなぁ」という提案を持ってくることでしたね。
「誰が考えても」ですから、相手にとっても、もちろんいい提案であるべきですよね。

しかし「北風型の人にだけ都合がいい」提案では、相手はとても受け入れられません。

相手は北風型の人に対して心を開くことは決してなく、今すぐこの場所から離れたいと思うのではないでしょうか。

あなたは北風のように冷たい風をヒューヒューと相手に吹きつけていませんか？

北風のように自分に都合のいい提案では、旅人が上着を脱がなかったように、相手は決してあなたに心を開いてくれません。

あなたの「太陽型」では、惜しい……99点です

イソップ童話で最終的に勝利を収めるのは、北風ではなく太陽です。どのようにすれば、北風に勝つ太陽になることができるのでしょうか。

「要するに、太陽のように自分も相手も温まる3択をつくりなさいということでしょう？」と思ったあなた、お、惜しい……。今の考えに点数をつけるならば、99点です。

完全な太陽型の伝え方になるためには、あと1点をプラスする必要があるのです。

あと1点をプラスする太陽型の伝え方、それは――

「ありがとう」

のひと言を加えることです。

なぜ「ありがとう」の言葉が必要なのでしょうか。

多くの人は、ありがとうと言われると、何となく嬉しいものです。この「何となく」が、とても重要です。

北風と太陽の話で、旅人が上着を脱いでしまったのは、太陽の暖かな光を浴びて「なんとなく」身体がぽかぽかと温まってきたからです。「ありがとう」のひと言には、太陽の暖かな光に似て、人の心をぽかぽかと温める効果があります。

相手は、3択提案法を用いたあなたの考えを受け入れてくれました。あなたの考えを受け入れてくれた相手には、暖かな太陽の光のような「ありがとう」を浴びせて、あなたへの苦手意識という上着を脱いでもらいましょう。

これが太陽型の話の伝え方です。

先ほどの課長と部下の会話は、太陽型の伝え方を用いると次のようになります。

部下「あのぉ、課長、私の書いたレポート、1週間も前に提出したのですが……。読んでいただけましたか？」

課長「あー、今さぁ、別の仕事を始めたばかりだからさぁ、もう少し待ってよ」

部下「あ、なるほど、今はお忙しそうですね。突然ですが、ここで問題です！　このレポートは、専務が部長経由で私に依頼したものです。さて、課長として、どのように処理されますか？　次の3つの中から選んでください。

〝①今の仕事を優先させ、レポートを読むのは後日とし、部長への提出も遅らせる〟

〝②課長も部長も読まずに、直接専務へ提出する〟

〝③部長へ提出するために、課長に今すぐ読んでいただく〟

チッチッチッチッチッチッチッチ……」

課長「えっ、何だ急に!?　えーっと③かなぁ」

部下「ファイナルアンサー？」

課長「ファイナルアンサー！」

部下「では、部長へ提出するために、今すぐ読んでいただけますか？」

課長「部長のためだからなぁ、仕方ないなぁ。今すぐレポートを読むかぁ……」

部下「ありがとうございます！　うーん、さすが課長ですね！　頼りになります！」

あなたは北風のように冷たい言葉を、ヒューヒューと相手に吹き付けていませんか？北風のように自分に都合のよい提案では、旅人が上着を脱がなかったように、相手は決してあなたに心を開いてくれません。

もし3択提案法が上手くいかない時は、あなたは北風型になっているかもしれませんよ。そんな時は、ぜひ太陽型の伝え方で、あなたの言葉を伝えてみてください。

そして言葉の終わりに「ありがとう」のひと言をつけ加えてみてください。

あなたの言葉を受け止め、心がぽかぽかと温まった相手は、旅人が思わず上着を脱ぎ捨てたように、あなたへの苦手意識という上着を脱ぎ捨ててくれるでしょう。

7章

「苦手な人」の気持ちを知れば、百戦して殆うからず

苦手な人は、何を考えているのでしょうか？

あなたの周りの苦手な人は、一体何を考えているのか知りたくありませんか？

私が大阪のベンチャー企業に勤務していた時の話です。この会社は、本社が倉庫を改造した建物で、社員数が62人という小さな会社でした。

私はこの会社の「企画部」という部署で、東京と大阪で開催される展示会の企画運営を行なっていました。

当時、私の直属の上司は、この会社の社長です。社長は、いわゆるワンマン経営者で、部下の意見に耳を貸してくれませんでした。

「この世界で20年やってきた、ワシの勘によると……」が口癖で、会社の重要事項のほとんどは、この「社長の勘」で決まってしまいます。

たしかに「20年やってきた勘」は重要です。「勘」のお陰で、会社のピンチが何度も救われてきたのは、紛れもない事実です。

しかし、時には「勘」が「ただの思いつき」になってしまうことがありました。たとえば、会議で私が社長の間違いを指摘すると、それを頭ごなしに否定し、突然怒鳴ることも度々ありました（この経験から「言葉のキャッチボール」の技法は生み出されたのです）。

怒鳴られるのが嫌で黙って聞いていると、今度は「黙っていないで発言をしろ」と怒鳴られます（この経験から「あいうえお相づち法」が生み出されました）。

そこで、発言をする際には、何とか社長に理解してもらおうと必死に話をしました。すると、「ダラダラ長く話すな。簡潔に言え」と言われます。

そこで、手短に話すと、今度は「詳細がまったくわからない。却下だ」と言われます（この経験から「3択提案法」が生み出されました）。

私自身に能力がないのならば、納得できます。しかし、社内の若手・ベテラン・男女問わず、社内の皆が怒鳴られストレスを感じ、社長の「勘」に会社全体が振り回され、コントロールを失っていたのです。

私は「社長は、なぜ私の言うことを理解してくれないのだろう？」と思い、毎日社長に怒鳴られ、社長とコミュニケーションが上手く取れないことに、非常に強いストレスを感じていたのです。

かつての私のように、あなたも「あの人の頭の中は、一体全体どうなっているの!!」と叫びたい衝動に駆られたのは、一度や二度ではないでしょう。

そこで私からの提案です。

一度、苦手なあの人の頭の中がどうなっているのかを見てみませんか？

「えーっ！　あの人が頭で何を考えているのか、あの人がどんな気持ちなのかなんて、知りたくもないよ」と、あなたは思うかもしれません。

でも、苦手なあの人の気持ちを知ることは、とても重要なのです。相手のことを知らないと、あなたに勝ち目はないと言っても過言ではありません。

実は、なんと紀元前５００年頃の中国で、孫子という人が、それをズバリと指摘しています。それが「孫子の兵法」です。

「孫子の兵法」とは、今から約２５００年前、紀元前５００年頃に書かれた、今でいう戦い方のマニュアル本です。

戦国時代の大名武田信玄が軍旗に記した「風林火山」は有名ですが、これは「孫子の兵法」にある言葉です。

その他に、孫子の兵法には次のような言葉があります。

彼を知り己を知れば百戦して殆《あや》うからず

この言葉には次のような意味があります。

『戦いにおいて、相手が何を考えて、どのような状態なのかを知ること、そして自分が何を考え、どのような状態なのかが分析できれば、自軍が圧倒的に有利な立場に立て、百戦しても危険な状態にさらされることはない』

たとえば、ジャンケンをする相手が、必ず「グー」を出すとしたら、あなたは絶対に勝てると思いませんか?

相手が何を考えて、どのような状態なのか? そして自分が何を考え、どのような状態なのかが分析できれば、あなたが圧倒的に有利な立場に立てるのです。

この言葉から、私は

「そういえば、敵(社長)のことは、何も知らないなぁ……。もし、孫子の兵法が正しければ、私は百戦しても、決して勝てないということだよな」

と思いました。

「でも、己（自分）のことは、すぐにわかるけれど、敵（相手）のことはどうやって知ればいいの？　しかも、敵（相手）は、苦手なあの人だよね」と少し不安に思われた方がいらっしゃるかもしれません。

敵（相手）のことは、ちょっとした工夫で、簡単に知ることができるのです。

今までに見たことがない景色が見える「上司の机」

孫子の兵法で「彼を知り己を知れば百戦して殆《あや》うからず」という言葉を知った私は、彼（苦手な人）である社長について知ることにしました。

まずは社長の出身地、学歴、好きなスポーツ、好きな食べ物、癖などを調べました。

しかし、これらのことを調べても、なぜ社長は、私が嫌だと思う最悪のタイミングで、私が嫌う最悪の言葉を発するのか、理解できません。

一体社長は何を考えているのだろう？　あの思考パターンは、どこからくるのだろう？

「彼を知り己を知れば百戦して殆《あや》うからず」ではなかったの？

私の疑問は、日に日に増大していきました。

そんなある日のことです。早朝、誰もいない時間に出社し、そして、社長がいつも座っている椅子に腰をかけたことがあります。

「あぁ、社長の席から見ると、ウチの会社はこんなふうに見えるんだなぁ」

私はいつも見ているのとはまったく違う会社の景色に、正直驚きました。

改めて社内を見回してみると、どのスタッフの机の上も、かなり汚いのがわかります。特に私が普段座っている席は、書類がぐちゃぐちゃに積まれているのが、社長の席からよく見えました。

私は「こんなに汚い机の持ち主から、会議の席で自分の意見を否定されたら、きっと腹が立つだろうなぁ」と思いました。

また、社長の机の上は、決済印待ちの書類が山積みになっていました。これだけの書類に目を通すには相当のスピードが求められます。見にくい書類や、わかりにくい書類を出してきた人に対して、怒鳴りたくなるのも理解できるような気がしました。

このように、苦手な人が普段使っている場所に行くと、苦手な人が何を見て、どのように感じているのかが手に取るようにわかるのです。

敵（苦手な人）のことを知りたいと思ったら、ぜひ、苦手な人がいつも使う場所に行ってみてください。

苦手な人が「いつも使う場所」とは、たとえば……

苦手な人が上司の場合は、会社で上司が使っている椅子に座ってみます。

お姑さんが苦手な人の場合は、お姑さんが使っているキッチンに立ってみましょう。

苦手な人が普段使っている場所から見る景色は、いかがですか？

そこから何が見えますか？　何が聞こえますか？　あなたが普段見ている景色と、同じですか？　違いますか？

そして、その時、あなたは何を感じましたか？

あなたが感じたことは、苦手な人が普段感じていることかもしれませんね。

目の高さを5センチ変えると何が見える？

先ほどは「苦手な人が普段使っている場所から見る景色は、あなたが普段見ている景色とは違う」というお話をしました。

つまり、あなたに見えている物が、苦手な人には見えていないかもしれないし、あなたに見えていない物が、苦手な人には見えているかもしれないのです。

もう少し考えてみましょう。実際に相手の目の高さに合わせてみると、一体なにが見えるのでしょうか？

元ラグビー全日本代表監督の平尾誠二さんは、ご自身の著書のなかで、こんなことを言っています。

「ラグビーでも〝低いプレーで当たって〟と言うと、みんな頭を下げて突っ込んでしまうんです。（中略）どんなに低いプレーでも、たとえば目線をもう5センチ上げたら、少なくとも相手のストッキングは見える。すると、相手が何人いるのかぐらいはわかる。そうすれば、次にどんなプレーをしたらいいか、その時に判断できる。５センチ上げた目線をさらに10センチ上げて、それで低いプレーができたとしたら相手の顔が見える。つまり相手がビビっているかどうかまで顔色でわかる。そうなれば、思い切りぶつかったらいいか、かわしていったらいいかという判断ができるだろう」（『「日本型」思考法ではもう勝てない』ダイヤモンド社）

この話から「同じ場所にいて、５センチ目線を変えるだけで、見えているものが違うなんてことがあるのかなぁ」と疑問に思った方は多いかと思います。実は、私も5センチ目線を変えるだけで、そんなに見えるものが違うのかと、疑問に思っていました。

しかし、その疑問は、私が社長の机に座った時に、スッキリ解消されていたのです。

あなたと苦手な人は、同じ場所にいても見えている物が違うのではありませんか?

あなたと苦手な人との身長差はどのくらいですか?

あなたが普段座っている机から見える風景と、苦手な人が普段座ってる所から見える景色は、何が違っていますか?

もしかすると、あなたに見えている物が、苦手な人には見えていないのかもしれません。逆に、あなたに見えていない物が、苦手な人には見えているのかもしれませんね。

苦手な人が、あなたと違う考えに至った理由は、同じ場所にいても見えている物が違うからかもしれません。だから、苦手な人が今何を考えているのかを知るためには、相手に何が見えて、あなたには何が見えていないのかを知ることが必要なのです。

そのためには、相手と目線の高さを合わせることです。

たった5センチ目の高さを変えるだけで、見えている物と見えていない物がまったく違うことにきっと驚くでしょう。

今すぐに始めてみましょう

――私からの提案①

さて、この本もいよいよ終わりです。

これまで、見せ方を変える方法、聴き方を変える方法、話し方を変える方法、目線を変える方法についてお話ししてきました。どの方法も、きっとあなたのお役に立つと思いますが、最後に、苦手な人に苦しむあなたへ、私からある提案をします。

私からの提案、それは――

①今すぐに始めてみましょう

②続けてみましょう

の２点です。

まずひとつめの提案は「今すぐに始めてみましょう」です。

あなたは、貴重なお金を払って、この本を手にし、貴重な時間を使って、この本を読んでくださいました。

せっかく貴重なお金と時間を使ったのですから、苦手な人への対策を、今すぐ始めてみませんか？

と私が言っても、「でも、何だか面倒だなぁ。そのうちやるよ」という声が、聞こえてきそうですね。そのお気持ちはよくわかります。

あなたがおっしゃる通り、今すぐ始めるのは、面倒なのです。なぜ、苦手な人への対策を始めるのは面倒なのでしょうか？

それは

今、特に追い詰められた状態ではないから

です。

「たしかに今はストレスを強く感じるけれど、まぁ何とかなるかなぁ」と、あなたは考えているかもしれません。実は、私も以前あなたと同じことを考えていました。そして、苦手な人との関係を改善せずに、そのまま放置していたのです。

先ほどもお話しした、私が大阪のベンチャー企業に勤務していた時の話です。社長は、いわゆるワンマン社長で、毎日のように部下を怒鳴り散らしていました。

私は、この社長がとても苦手でした。

そして、社長とのコミュニケーションが上手く取れないことに、私は非常に強いストレスを感じていました。しかし「まぁ何とか我慢するかな」と思い、コミュニケーションを上手に取る努力を何もしませんでした。

そんな状態では、意思の疎通をはかるなど無理な話です。こうして私と社長の意見の食い違いは、日に日に表面化していきました。

ある日、私は社長と、ある事件を起こしてしまいます。

事件は、私が企画した展示会の会場で起こりました。なんと私は社長と口論になり、自社が出展しているブース内で、社長と大喧嘩をしてしまったのです。

喧嘩の理由は、「言った」「言っていない」「聞いた」「聞いていない」という、本当に些細なこと。もちろん私は、何日も前に社長に説明していましたし、その場で社長の了解も取っていました。

ところが、今になって「ワシは、そんな話は聞いていない」と言い出したのです。

原因がコミュニケーション不足であることは間違いありませんでした。しかしこうなると、もう子供の喧嘩のような状態です。

気がつくと、二人とも大声を張り上げ、お互いを否定し合っていました。展示会に来場しているお客様や、自社のスタッフの目の前で、です。

周囲の視線が私と社長に集中しているのが、嫌でもわかりました。

こうして周りの空気は、完全に凍りついてしまいました。たった数分の出来事でしたが、私には何時間にも感じられました。

「もうえぇわ、もうお前には任せられん」という社長のひと言で喧嘩は終了しましたが、その時、私の心の中で、緊張の糸がプッツリと切れるような感覚がありました。そして、「もうダメだ。明日、辞表を提出しよう」と、私は心に決めたのです。

しかし、大きな問題がありました。当時の私は結婚1年半で、妻と生まれて1ヶ月の子供がいたのです。

辞表を提出し無職になれば、二度と社長に会わなくてすみます。

しかし当然のことながら、辞めたとたんに明日からの生活に必要なお金が入ってこなくなります。

私は選択を迫られました。

・辞表を提出して自由になるのか？

・このまま我慢をして、毎日ストレスをためて仕事を続けるのか？
・苦手なワンマン社長との関係を改善するのか？

何日も悩んだ末に、追い詰められた私が選択したのは、苦手な社長との関係を改善することでした。

この時、私が考え出したのが、この本で紹介した技法なのです。

いくつかの技法を実践しているうちに、ワンマン社長が私に持つ印象が、少しずつ変わってくるのを感じるようになりました。そして、私は「ここまで追い詰められる前に、もっと早く社長との関係を改善していれば」と、悔やまずにはいられませんでした。

苦手な人との関係は、あなたがまったく気づかないうちに、じりじりと、しかも確実に悪化していきます。

気がついた時には、私とワンマン社長のように、修復が非常にむずかしいレベルにまで悪化してしまうかもしれません。

この本に貴重なお金と時間を使ってくださったあなたに、私と同じ苦しみを味わって欲しくはありません。私のように、ギリギリまで追い詰められてしまう前に、あなたには今すぐ「苦手な人対策」を始めて欲しいのです。

続けてみましょう

——私からの提案②

2つめの提案は「続けてみましょう」です。

実は「始める」こと以上に「続ける」のはむずかしいものです。三日坊主という言葉があるように、ひとつのことを3日以上続けるのは、なかなかむずかしいことです。

実を言うと、私は三日坊主の常習犯です。

私は、過去にメールマガジンを発行していました。最初は「毎日書くぞ！」と思って発行します。しかし、すぐに書くことがなくなり、「毎週書くぞ！」に変わりました。その後、発行周期は、隔週になり、月1回になり、ついにまったく書かなくなってしまい、最後は廃刊になりました。

しかも、私はメールマガジを四度発行して、四度ともこのパターンで廃刊されているのです。まさに、典型的な三日坊主です。

なぜ続けるのがむずかしいのか、それは、ズバリ——すぐに結果が出ないから、です。

私がこれまで説明させていただいた技法は、すぐに効果が現われるものと、時間をかけてじわりじわりと効果を発揮するものとがあります。

そのため、すぐに効果が現われないと、諦めて苦手な人への対策をやめてしまう人がいるのです。

そこで、私があなたに提案するのは、「亀のように歩み続ける」ことです。

少々（だいぶ?）古い話ですが、かつてテレビドラマで「スチュワーデス物語」という番組がありました。堀ちえみさん演じるスチュワーデス訓練生の松本千秋が、スチュワーデスを目指すドラマです。

ドラマの中で、風間杜夫さん演じる村沢教官が、千秋が訓練で失敗した時に「お前はドジでのろまな亀だ」と叱責する場面があります。

この言葉を聞いた千秋は、「お前はドジでのろまな亀」だから駄目なんだ、「お前はドジでのろまな亀」だから失敗するんだ、と受け取ります。

しかし、村沢教官が千秋に伝えたかったことは、違いました。

「〝お前はドジでのろまな亀〟だから、兎のように早く歩めないかもしれないね。でも、それでいいんだよ。亀は亀らしく、ゆっくりでいいから、一歩一歩前へ進めばいいんだよ。

ゆっくり歩むことは、決して恥ずかしいことではないんだよ」と伝えたかったのです。

やがて村沢教官の言葉の意味に気づいた千秋は、厳しい訓練はもちろん、意地悪な同僚のイジメにも耐え、一歩一歩前へ進み、一人前のスチュワーデスへと成長していきました。

今、苦手な人を目の前にして、毎日を耐えているあなたも、どうか村沢教官の言葉に耳を傾けてみてください。

兎のように早く歩めないかもしれませんが、でも、それでいいじゃないですか。

ドジでのろまな亀だった千秋は、千秋らしく、ゆっくりですが、一歩一歩前へ進みました。

あなたもあなたらしく、ゆっくりでいいから、一歩一歩前へ進んで、苦手な人と上手につき合えるようになりませんか？


私は、この本の中で説明させていただいた技法のすべてを、今すぐ実践してくださいなんて、決して言いません。

どれかひとつでもかまいません。半年間や1年間かけるつもりで、実践してみてはいかがでしょうか。

すぐに結果が出なくても、焦る必要も、諦める必要もありません。なぜなら、続けることで、あなたは確実に一歩一歩前に進んでいるからです。

あなたのペースで、あなたらしく、一歩一歩前へ進んでみませんか？

目線が違うと、見える物が違う
見える物が違うと、考えることが違う
考えることが違うと、起こす行動が違う
起こす行動が違うと、結果が変わる

一歩一歩、少しずつ少しずつ前へ進み続けることによって、苦手な人があなたを見る目が、きっと変わってくるでしょう。

苦手な人があなたを見る目が変われば、あなたに対する印象が変わってきます。
印象が変わってくれれば、あなたに対する言動が変わります。
言動が変われば、苦手な人とあなたのつき合い方も、今までとはまったく違うものになるでしょう。

さあ、今すぐ始めませんか？　そして、続けてみませんか？

著者略歴

アンディ中村（あんでぃなかむら）

1969年5月生まれ。千葉県出身。桐蔭学園横浜大学工学部卒業。部品メーカー、コンピューターソフト会社を経て、1997年3年、大阪のベンチャー企業取締役・企画部長就任。現在は、都内の東証一部上場商社に勤務。
独特の語り口と文章は「アンディ節」「中村節」と呼ばれ、コミュニケーションに悩む人々の圧倒的な支持を得ている。

嫌いな人がいなくなる！
人間関係を変える"お笑い"コミュニケーション術

平成20年10月8日　初版発行

著　者——アンディ中村

発行者——中 島 治 久

発行所——同文舘出版株式会社

東京都千代田区神田神保町1-41　〒101-0051
電話　営業03(3294)1801　編集03(3294)1803
振替　00100-8-42935

 ISBN978-4-495-58131-2
印刷／製本：萩原印刷　Printed in Japan 2008